日本の極上
絶美❀祕境

幸福感滿點的日本原風景

U0076689

人人出版

日本の極上 絶美・祕境

 C O N T E N T S ✈

積丹半島

{ ✼ 北海道 }

愛奴的神祇守護至今
世界上絕無僅有的 "藍"

泛著稱為 "積丹藍" 的獨特藍色
閃耀著神祕光彩的大海
與奇岩共同塑造出獨一無二的風景

1 突出於日本海的神威岬。2 蠟燭岩與點亮早晨的日出。3 島武意海岸夏季百花爭妍。4 悄然佇立於朝霞中的大黑岩和惠比壽岩。

隨著時間變化呈現迥異面貌的美麗北海絕壁

積丹位於北海道西部，在愛奴語中意為"夏之村"。這一帶富有風光明媚的景觀，如稱為"積丹藍"的美麗大海、海岸線上連綿的奇岩群、以及妝點四季的花卉等，亦被指定為二世古積丹小樽國定公園。

也因為是自古以來愛奴族人生活的土地，這裡的岬角和岩石留有各式各樣的傳說。位於積丹半島西北部的神威岬，正如其名，是在愛奴語中象徵"神"的岬角，海中則矗立著一座名為神威岩的岩礁。這座岩礁據說是一位愛奴少女的化身，她思念著曾逃亡到北海道的源義經，追隨離開這裡前往海的另一端的他而縱身大海。因此，這個地區一直到近幾年為止都是禁止女性出入的地方，幾乎沒有遭到人為干預，時至今日仍舊保留了原始的自然風貌，可說是愛奴的神祇守護至今的珍貴景觀。

此外，也分布著據說貼著鯡魚群的鱗片而散發光芒的蠟燭岩，以及保佑夫妻感情融洽的夫婦岩"大黑岩"和"惠比壽岩"等眾多景點。

📅 最佳造訪季節＆周邊資訊

最佳造訪季節是初夏時節，此時粗獷的海岸線岩壁上綻放著黃色的蝦夷萱草。最熱的8月上旬白天最高溫28℃，夜晚則為18℃左右，氣候非常舒適宜人。如果想要享受美食不妨試新鮮的生海膽，鄰近的仁木町7月下旬還可以體驗採櫻桃。

ACCESS

		JR函館本線 （搭乘快速列車約35分）	小樽	北海道中央巴士 （約140分）	積丹町
公共	札幌				
汽車		總距離 約80km （約120分）			

丹朱別橋

{ ❀ 北海道 }

只有在低水位時才會現身
遺留在人工湖上的夢幻橋梁

原先興建的目的是鐵路橋樑，在任務早已結束之下
只能接受凋零命運的超然脫俗的遺產

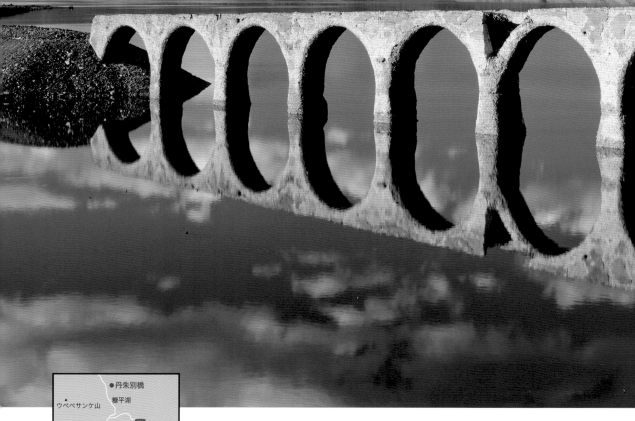

丹朱別橋

●丹朱別橋
ウペペサンケ山　糠平湖
273
然別湖
241

ACCESS

巴士	帶廣	十勝巴士（約100分）	糠平溫泉鄉	步行（約5分）	丹朱別橋
汽車		總距離 約70km（約100分）			

1 倒映在湖面的樣子看起來像是眼鏡，故又有「眼鏡橋」的別名。 2 遺留在人工湖上的混凝土製拱橋。

即使被命運捉弄
仍默默忍受風吹雨打的橋樑

　　丹朱別橋的外觀讓人聯想到古代羅馬建築，等間隔相連的優美拱橋在湖上描繪出幾何學的圖案。

　　這座橋原先是行駛於北海道的帶廣—上士幌町之間的舊國鐵士幌線，決定延長開通到十勝三股站時，為了越過丹朱別河而架設的。然而，1953年在十勝糠平系電源一貫開發計畫中敲定建造糠平水庫時，丹朱別橋附近一帶將會被人工湖淹沒，鐵路因而被拆除，丹朱別橋被賦予的使命就此結束。

　　不過即使拆除鐵路，橋梁本身仍保留於湖中，現在則為「舊國鐵士幌線混凝土拱橋群」，已列入北海道遺產。

　　丹朱別橋所在的糠平湖是為了發電而建造的人工湖，因季節與發電量水位會有很大變化。特別是雨量較多的10月左右，水位大幅上升，有時整座橋都會沒入湖中，因而又稱為"夢幻之橋"。

1

2

最佳造訪季節&周邊資訊

最佳造訪季節為1～3月，此時可從結冰的糠平湖上看到丹朱別橋。若想要近距離觀賞，請洽詢上士幌町觀光協會或NPO東大雪自然導覽中心。此外，請注意夏季的林間道路只開放許可車輛通行。離糠平溫泉鄉8公里處有觀景台。

向日葵之鄉

{ ❀ 北海道 }

佈滿廣闊大地的
150萬株向日葵

由藍色天空與黃色大地交織而成
100%自然原色的鮮明對比
一年只能看見一次的夏日風景

ACCESS

公共	旭川	函館本線 （約30分）	深川	北海道中央巴士 （約30分）	向日葵之鄉
汽車		總距離 約50km （約140分）			

地圖標示：北秩父別站、秩父別站、向日葵之鄉、北龍町公所、北一己站、雨龍賽車場、深川站、妹背牛站

1 夕陽下恣意綻放的向日葵，與白天相比別有意趣。2 一望無際的向日葵是北龍町的招牌，也是最大的驕傲。

進入如詩如畫的世界
日本規模最大的向日葵田

　　人口僅2000人的小鎮上，多達150萬株的向日葵爭相綻放。北龍町位於北海道空知管內北部，向日葵栽種面積居日本之冠。一踏入廣大的向日葵田，身邊的景色宛如闖入畫中世界一般。

　　這個小鎮最早開始栽種向日葵是在1979年，當時身為北龍農會職員的一位男性，到舊南斯拉夫參加農業進修，在當地看到向日葵田深受感動，成為北龍町栽種向日葵的契機。後來鄉鎮振興志工團體「北竜町竜トピア」成立，向日葵的栽種活動逐漸擴大，於是在1987年舉辦了「第1屆向日葵祭」。

　　現在，當地中學種植了世界各地的向日葵，老人俱樂部會員也會協助除草等，整個小鎮齊心致力於向日葵的栽種。隨著夏天到來連續綻放一個月的向日葵，對小鎮居民而言是一年一度最期待的事，也是這個小鎮的驕傲。

最佳造訪季節&周邊資訊

觀賞向日葵的最佳時期為每年8月上旬。每年7月下旬～8月下旬當地會舉辦「北龍町向日葵祭」，除了常設的向日葵迷宮與鴕鳥牧場，還有盂蘭盆舞蹈大會、路跑、當地戰隊英雄North Dragon的演出等，內容豐富精彩。

青島 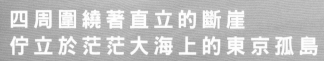 { ☆ 東京 }

四周圍繞著直立的斷崖
佇立於茫茫大海上的東京孤島

這裡真的屬於東京都嗎！？
歷經多次的火山活動所形成
至今仍有水蒸氣噴發的
伊豆群島最南端的島嶼

ACCESS

飛機	羽田	ANA （約55分）	八丈島	直升機 （約20分）	青島
船	竹芝 棧橋	東海汽船「さるびあ丸」 （約10時）		連絡船「還住丸」 （約150分）	

1 像是為了防堵外來者入侵而存在的斷崖絕壁。 2 青島外圍一周約9公里，是有雙層破火山口的火山。

現在仍有170人居住於此名為島嶼的"活火山"

瀰漫仿佛科幻作品舞台般的氛圍，茫茫大海上圍繞著陡峭斷崖的孤島。青島位於伊豆群島最南端，雖然隸屬於東京都，但人口僅有170人，是著名的日本人口最少地方自治體。

位於島嶼南部直徑1.5公里的破火山口中，有一座稱為丸山的中央火山錐，推測可能是3000年前曾發生大規模的熔岩水蒸氣噴發，而後經過約3000年的歲月熔岩流覆蓋住火山口而形成這種特殊的地形。

日本氣象廳現在仍舊把青島列為火山活動C等級的活火山。像是要證明火山活動還在持續進行般，島上的部分區域可見到大量的水蒸氣噴發，居民們將之利用作三溫暖等，也成為島上的觀光資源之一。

受惠於雙層破火山口這種特殊的環境構造，夜晚四周的光線會完全被阻絕，因此可觀賞令人屏息的滿分星空，這也是青島的一大魅力。

🗓 最佳造訪季節&周邊資訊

在四季氣候溫暖的青島，一定要親身體驗360度一望無際的滿天星斗。天空中亮度僅次於天狼星的「老人星」在10月下旬～4月上旬可以觀測到，尤其冬季是觀賞的最佳時期。

米子大瀑布

{ 🌀 長野 }

位於染成一致秋色的山間
轟隆作響的夫妻瀑布

由權現瀑布與不動瀑布所構成的
日本少見的雙流瀑布
與豐富的大自然融合成眼前莊嚴的景觀

1 不動瀑布由下仰望看具有相當大的震撼力。**2** 有如明信片中的景色。**3** 水的清澈度也很吸睛。**4** 一覽2座瀑布的壯闊全景。

自古作為修行者們的修行場，被奉為聖地的深山秘境

2條壯觀的瀑布從日本百大名山之一的四阿山傾瀉而下，面向瀑布時左邊的瀑布為75公尺高的權現瀑布，右邊的瀑布則是85公尺高的不動瀑布，兩座瀑布的落差高度在日本皆名列前茅，雙雙獲選為日本百大瀑布。

相較於水量豐沛、流水伴隨巨響一直線落下，呈現男性陽剛形象的權現瀑布，如面紗般霧狀水花傾瀉而下的不動瀑布則帶有女性陰柔之美。由於其對比的外觀，這兩座瀑布又稱為"夫妻瀑布"或"戀人瀑布"，據說能保佑戀愛順利與夫婦和睦。

瀑布底下奉有名列日本三大不動尊之一的米子不動尊，自古以來就是山岳信仰的據點，聚集許多修行者。實際前往參拜，見到眼前漫無邊際的壯闊景色時，就可以理解古人將大自然奉為神祇的心情。

另外，這附近一帶有豐富的大自然，初夏時節可以聞到芬芳撲鼻的草木清香，秋季則可以欣賞色彩艷麗的紅葉。隨著四季更迭的自然背景將瀑布襯托得更為美麗，總是能為觀賞者帶來不同的新鮮感。

🏛 最佳造訪季節&周邊資訊

觀賞紅葉的最佳季節為每年10月中旬左右起。不過，請注意紅葉季節時週六、週日、假日林道米子不動線禁止自用車通行，因此往來湯っ蔵んど～米子大瀑布停車場之間只能搭乘接駁巴士或計程車。

地圖：須坂站／明覺山／須坂市動物園／豐丘水庫／米子不動尊本坊／米子山／米子大瀑布／米子不動寺奧之院

ACCESS

公共	長野	長野電鐵長野線（約30分）	須坂	計程車（約40分）	米子大瀑布
汽車		總距離 約30km（約70分）			

臼杵石佛

{ 🅐 大分 }

經歷1000年風吹雨打
被列為國寶的磨崖佛

軟質岩石才有辦法做到的細緻雕刻
卻也因此擁有脆弱的一面
傳達1000年前工藝技術的奇蹟石佛群

1 下半身被削掉的佛像。 2 地藏菩薩與十王像。 3 為了避免佛像持續受侵蝕而設置了屋頂。 4 每一尊佛像的神情都很平靜安詳。

佛像身上留下的無數傷痕見證了嚴苛環境下度過的歲月

　　一般人所稱的石佛可分為兩種，一種是獨立且不論大小都可以移動的佛像，稱為單獨石佛。另一種是在斷崖和洞窟的石壁等處直接雕成的佛像，這些則稱為磨崖佛。

　　磨崖佛與單獨石佛不同，雖然沒有遭竊的危險，但由於無法移動所以容易受到自然現象的影響，因此保存困難，現況是越古老的佛像越難保持當時的原貌。

　　大分縣的臼杵石佛也不例外，雕刻在臼杵市深田的山壁上約60尊的石佛，根據石佛的雕刻風格推測為平安時代～鎌倉時代所造的佛像。這裡的岩石是阿曽山的火山碎屑流凝結堆積而成，岩質非常鬆軟，很適合精細的雕刻，但另一方面也有非常脆弱不堪的缺點。

　　仔細檢視石佛群，會發現大部分的佛像下半身像是被削掉般不復存在。據推測這是大雨時參道水流成河，侵蝕切削了石像腳以下的部分所造成。長達1000年以來，石佛群暴露在風雨之下卻能保留原型，石佛群的存在本身就像是一種奇蹟。

🗓 最佳造訪季節&周邊資訊

臼杵市以歷史與文化之町聞名，武士住宅林立、眾多寺院聚集的「二王座」，可以觀賞石牆與石板路優美又具有歷史的街道景觀。此外石佛公園內的蓮田7～8月間可以欣賞楚楚動人的盛開蓮花。

ACCESS

		JR日豐本線 （約50分）	臼杵	臼津交通巴士 （約20分）	
公共	大分				臼杵石佛
汽車		總距離 約30km （東九州自動車道 約40分）			

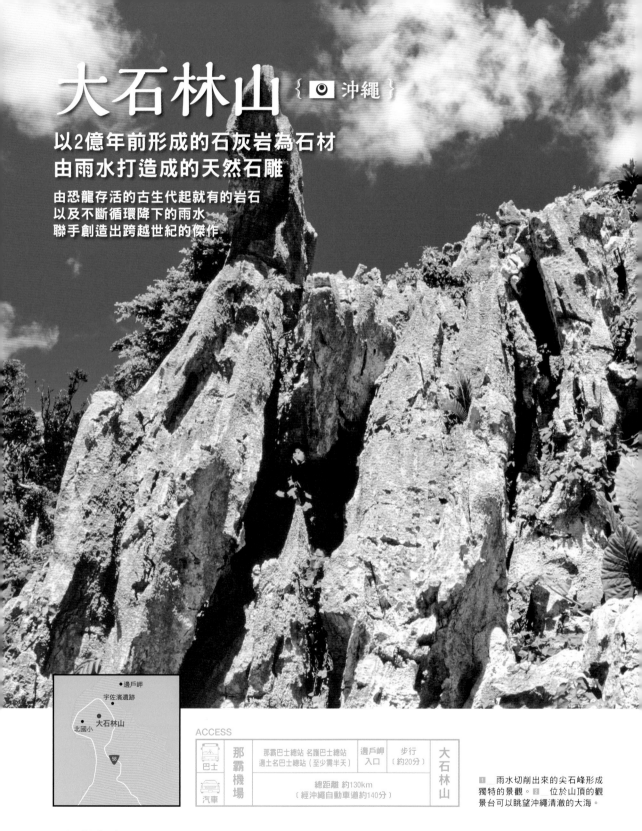

大石林山 ｛🇯🇵 沖繩｝

以2億年前形成的石灰岩為石材
由雨水打造成的天然石雕

由恐龍存活的古生代起就有的岩石
以及不斷循環降下的雨水
聯手創造出跨越世紀的傑作

ACCESS

	那霸機場					大石林山
🚌 巴士		那霸巴士總站 名護巴士總站 遷土名巴士總站（至少需半天）	邊戶岬 入口	步行 （約20分）	
🚗 汽車		總距離 約130km （經沖繩自動車道約140分）			

🏞 雨水切削出來的尖石峰形成獨特的景觀。🏞 位於山頂的觀景台可以眺望沖繩清澈的大海。

地圖標示：邊戶岬、宇佐濱遺跡、大石林山、北國小、58

只要繼續降雨就會有所改變
日本唯一的熱帶喀斯特地形

　　大石林山是由無數表面粗糙且高低不等的堅硬岩石構成，形成一種獨特的景觀。這是距今2億年前的石灰岩長年被雨水侵蝕的結果，如塔般突出的部分稱為「尖石峰」。這個熱帶喀斯特地形在世界上也非常少見，全日本只有這裡可以見到。

　　大石林山有多樣化的路線行程，可依目的與體力選擇遊賞方法。有觀賞大小各式各樣尖石林立的「奇岩巨石路線」，以及登上山頂觀景台的「絕景路線」，還有小朋友與輪椅使用者也能參加的「無障礙路線」等。

　　觀賞最高達10公尺的尖石峰時，除了能夠實際感受到單靠雨水侵蝕所需的漫長歲月，同時也會驚覺眼前的景觀只有此時此刻才能見到。大石林山是只要持續降雨，創作就永遠不會停止的地球傑作。

最佳造訪季節&周邊資訊

大石林山所在的國頭村位於沖繩本島北部，是一個保留了豐富自然資源的地區，稱為 "Yanbaru（山原）"。位於國頭村最北端的「邊戶岬」可觀賞洶湧浪濤拍打斷崖絕壁的景觀。晴天時遠方的海平面上還能看見鹿兒島的與論島。

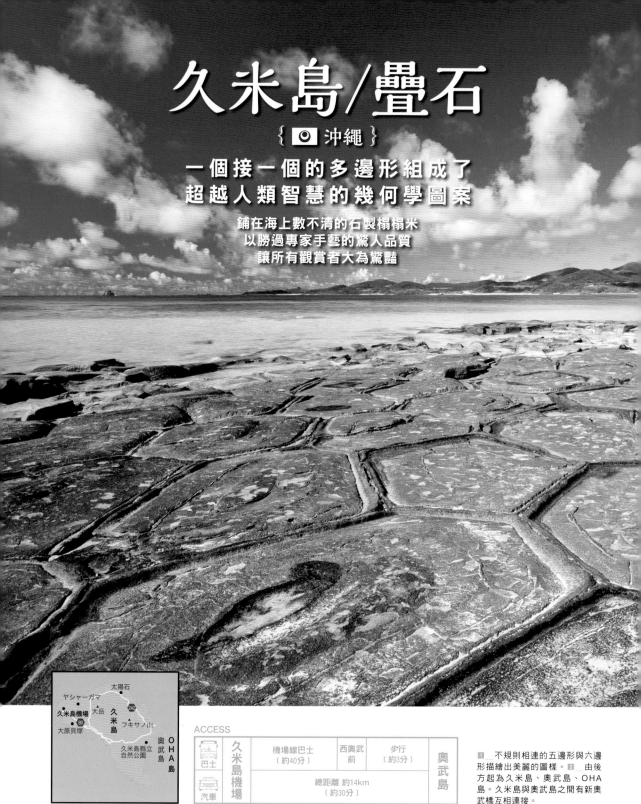

久米島/疊石

{ 🔘 沖繩 }

一個接一個的多邊形組成了
超越人類智慧的幾何學圖案

鋪在海上數不清的石製榻榻米
以勝過專家手藝的驚人品質
讓所有觀賞者大為驚豔

ACCESS

巴士	久米島機場	機場線巴士〔約40分〕	西奧武前	步行〔約3分〕	奧武島
汽車		總距離 約14km〔約30分〕			

地圖標示：太陽石、ヤシャーガマ、久米島機場、大岳、242、久米島、大原貝塚、89、フキサノ山、久米島縣立自然公園、奧武島、OHA島

❶ 不規則相連的五邊形與六邊形描繪出美麗的圖樣。❷ 由後方起為久米島、奧武島、OHA島。久米島與奧武島之間有新奧武橋互相連接。

宛如巨大龜殼般
呈現奇妙形狀的石磚

　　透過新奧武橋與久米島相連的奧武島，海岸鋪滿了呈現五邊形和六邊形、直徑達1～2公尺的石頭。

　　眼前的景色像是將人工切割的石頭排成拼圖一般，範圍長250公尺，寬50公尺，石頭的數目超過1000個以上。

　　這片石毯當然不是透過人手打造的，而是熔岩漸漸冷卻成為石頭時產生裂縫，這種「柱狀節理」現象造就的直線石柱因潮汐消長而被磨平，形成一種特殊的景觀，現已列為沖繩縣的天然紀念物。

　　這片岩石因為與龜殼非常相似，又稱為「龜殼岩」，退潮時可以在岩石上行走。

　　這個地方在沖繩的幾個觀光景點中算是較少人知道的景點，趁現在不用人擠人的時候前往或許是個不錯的選擇。

📷 最佳造訪季節&周邊資訊

奧武島・疊石附近有一座「久米島海龜館」，這是為了保護地球上瀕臨滅絕危機的海龜所興建的設施，可以近距離觀察各式各樣的海龜。黃金週連假及暑假時會舉辦餵食海龜體驗等特別的企劃活動。

隱岐/蠟燭島

{ 🔶 島根 }

火紅燃燒的夕陽點亮了
20公尺高的蠟燭

漸漸朝水平線西沉的太陽
與巨大岩石的尖端重疊時
是這世上最羅曼蒂克的一刻

1 形狀複雜且外表粗糙的岩石遍佈。2 隱岐的大海清澈度非常高。3 夕照中的岩石剪影。4 從海上看到的蠟燭島。

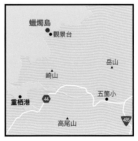

從船上才能欣賞到的夢幻燭光照亮的世界

蠟燭島位於島根縣隱岐諸島的島後島西北部，正如其名，是一座呈現蠟燭形狀的無人小島。這座島是約500萬年前火山噴發所形成的火山岩，突出於海面上的部分約有20公尺。

蠟燭島不光是只有蠟燭細長的外觀，其頂端有像是蠟燭燭芯的部分，岩石底部則有相當於燭台的部分。以大小來說雖然不及北海道余市町外海的「蠟燭岩」，但以精緻度來說卻無人能出其右。

附近有可以觀賞蠟燭島的觀景台，但岩石尖端與夕陽重疊的景色只有從船上才能看得到。既然來到這裡，當然不能錯過乘船觀賞夕陽點亮蠟燭島的美麗時刻。當漸漸向地平線落下的太陽照亮巨大蠟燭的尖端時，眼前所見真可說是夢幻景色。

彷彿照亮整個世界的橘色燭光，溫暖了觀賞者的心，同時也把這一瞬間化為人生中永恆的回憶。

最佳造訪季節&周邊資訊

蠟燭島遊覽船4月～10月間行駛，配合日落時間從重栖港的福浦岸壁和赤崎岸壁出發。出航時間因季節而異，需事先預約、確認。請洽詢隱岐島町觀光協會 TEL：（08512）2-0787。

ACCESS

	出雲機場	JAC（約30分）	隱岐機場	計程車（約40分）	福浦岸壁或赤崎岸壁	蠟燭島遊覽船（約1時間）	蠟燭島
飛機							
船	七類港	高速船レインボー（約60分）	西鄉港				

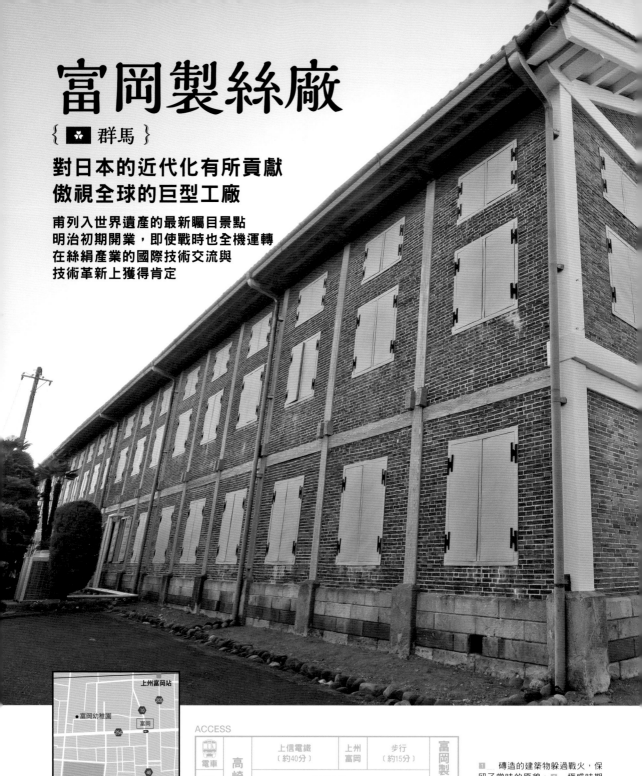

富岡製絲廠

{ ✿ 群馬 }

對日本的近代化有所貢獻
傲視全球的巨型工廠

甫列入世界遺產的最新矚目景點
明治初期開業，即使戰時也全機運轉
在絲絹產業的國際技術交流與
技術革新上獲得肯定

ACCESS

🚃 電車	高崎	上信電鐵（約40分）	上州富岡	步行（約15分）
🚗 汽車		總距離 約20km（約50分）		

富岡製絲廠

1 磚造的建築物躲過戰火，保留了當時的原貌。 2 極盛時期據說有超過900人的女工住在工廠中工作。

明治時代的富岡製絲工廠（東京國立博物館藏）

長期支撐日本產業
奠定現代日本基礎的工廠

　　以推翻江戶幕府的薩摩藩與長州藩為中心建立的明治政府，在決定開國不久後的1872年興建了富岡製絲廠，作為日本現代化的公營模範工廠。

　　正式開始營運的富岡製絲廠是世界罕見的巨型製絲工廠，靠著從日本全國各地找來稱為「女工」的女性們的努力，生產量逐漸增加，1930年代全球佔有率達80%。

　　日本加入戰爭後，因為男性被徵召從軍，農村勞動力不足，導致女工人數減少，不過機械的增設彌補了勞動力缺口，直至戰爭結束富岡製絲廠都未曾停工。後來因為無法承受絲絹價格持續下跌，雖然可惜卻不得不在1987年關廠歇業，為其115年的歷史畫下句點。

　　若沒有走過情勢動盪的明治、昭和時代的富岡製絲廠，恐怕沒有今日的日本。富岡製絲廠於2014年登錄為世界遺產，在這個特別的時刻，其至今所扮演的重要角色與功績將再度受到矚目。

最佳造訪季節&周邊資訊

探訪完日本工業歷史後，不妨順道前往「群馬縣立自然史博物館」，館內簡單明瞭地介紹了從地球誕生到生物演進的自然史。另外若有小朋友同行，也很推薦到群馬野生動物園。從富岡製絲廠到這兩處車程約20分左右。

屋久島

{ 📷 鹿兒島 }

豐沛水資源孕育出的
各種生命蓬勃生長的森林

因其獨特的地形與罕見的生態系
而被形容為「海上阿爾卑斯」的自然樂園
歡迎來到這座可以感受生命氣息的神秘島嶼

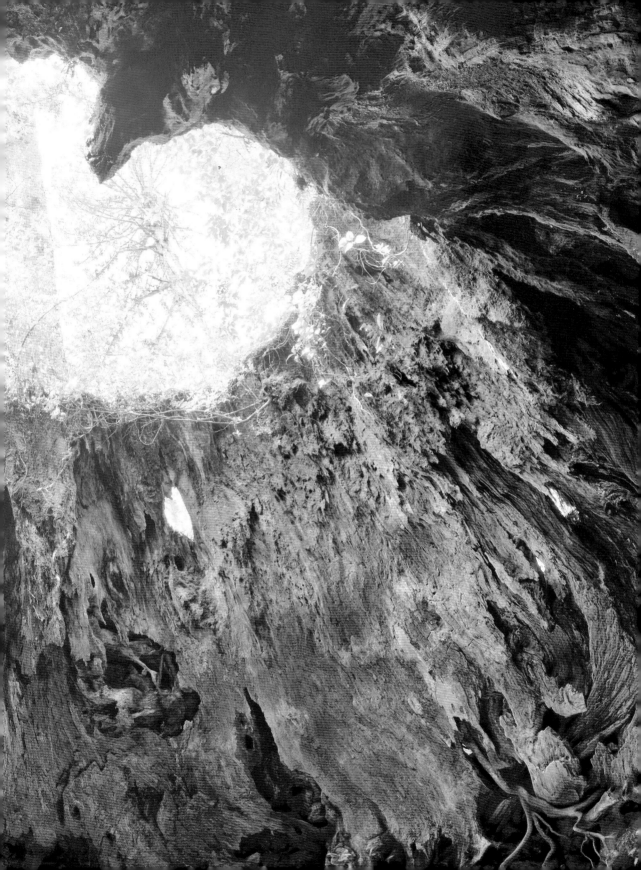

1 據說樹齡已達3000年的繩文杉。 2 島內所到之處都可以見到巨石。 3 漂浮在藍色汪洋中的碧綠島嶼。 4 清澈的泉水是所有生命之源。

樹齡超過3000年的神木生長於此，日本首座世界遺產

島上約90％為森林覆蓋的綠色樂園屋久島，島中央有九州最高峰——宮之浦岳聳立其中。總面積約500平方公里，但因島上高度落差大，涵蓋了亞熱帶到亞寒帶的氣候，形成一種非常特殊的自然環境。

因為此種環境其生態系也極具獨特性，目前在島上棲息的屋久島特有原生物種約達40種。此外全日本的植物7成以上都可以在島上見到，構成一個獨一無二且多樣化的生態系。

所有的生命仰賴的無疑就是豐沛的雨水，這裡的降雨量高居日本全國之冠。屋久島雨量極多，甚至被形容為「一個月有35天會下雨」。實際上平地的年降雨量為4000公厘，山地則會降下達1萬公厘的雨水。因此島上的空氣總是相當清淨濕潤，光是漫步其間就能讓身體獲得充分滋潤。另外，島上有多達140條河川，呈輻射狀分布，有如輸送血液到身體各處的血管般持續供應富含礦物質成分的水。接受豐沛雨水滋養的大地，像是鋪了綠色地毯般長滿苔蘚，草木生氣蓬勃地伸展其枝葉。河川因降雨水量與水勢增強，侵蝕削鑿溪谷，遇到懸崖或坡度較陡處便化為瀑布傾瀉而下。

說到象徵屋久島的樹木，就讓人想到冠上島名的「屋久杉」。屋久杉指的是原生於島上海拔500公尺以上的杉木中樹齡超過1000年的樹木。一般杉木壽命較長的也不過是500年左右，而屋久杉因為扎根於養分較少的花崗岩土壤，生長遲緩，又受到多雨的影響，樹脂成分較高不易腐朽等特點，樹齡超過1000年的杉樹並不稀奇，甚至有樹齡超過2000年的老樹。作為屋久島象徵的「繩文杉」據說樹齡為7200年，是壓倒性的存在。

宮崎駿導演為之傾心，獲選為「魔法公主」舞台的生命之森

1993年屋久島珍貴的生態系獲得肯定，與姬路城、法隆寺、白神山地同為日本第一批登錄為世界遺產的景觀。

聞名全球的日本動漫界巨匠——宮崎駿導演也被屋久島充滿生命力的森林深深吸引，他多次來到此地，最後終於選定屋久島為電影「魔法公主」的舞台。仔細觀看這部作品會發現，小桑與阿席達卡相遇的大河，以及有各式各樣植物生長的山獸神森林等，電影中到處都是與屋久島景色相似的背景。

此外，屋久島上有一座名為「千尋瀑布」的大瀑布奔流，據說「神隱少女」主角千尋的名字就是取自該瀑布，可見屋久島的大自然對於宮崎導演來說是具有多麼大的吸引力。

不過，遺憾的是列入世界遺產後，屋久島上觀光客的行為舉止成了一大問題。隨著觀光客的增加，山路上開始出現垃圾亂丟的情況，甚至有危及生態

系造成影響的狀況。到訪屋久島時，請不要忘記愛護大自然的心與對守護屋久島的先人的敬意。

薩摩半島

竹島
黑島　硫黃島
　　　　　　馬毛島
口永良部島　　種子島
　　　屋久島

📅 最佳造訪季節&周邊資訊

屋久島一年四季皆多雨。若想要去海邊玩6～8月是最佳季節，永田濱到7月底為止晚上都會舉辦觀察海龜產卵的活動。想要登山的人則可選擇5月下旬～6月上旬，這個時期適逢屋久島的原生變種"屋久島石楠花"花季。

ACCESS

✈ 飛機	鹿兒島	JAC（約40分）	屋久島
🚢 船		種子屋久高速船（最短約110分）	

原始國度・北海道 精選特集

卡姆伊哇卡瀑布

{ ❀ 北海道 }

純正的溫泉從天而降
世間罕見的溫泉瀑布

源頭為流自硫黃山的卡姆伊哇卡河
流入鄂霍次克海
名列知床八景之一的溫泉瀑布

ACCESS

			卡姆伊哇卡瀑布
🚌 巴士	知床斜里	斜里巴士／宇登呂溫泉巴士總站轉車 （約120分）	
✈ 飛機	女滿別 機場	租車或搭乘計程車／總距離 約120km （約160分）	

❶ 瀑布從陸路上無法前往，只能搭遊覽船上才可觀賞其全景。
❷ 由山往海的方向奔流的溫泉傾瀉而下。

（地圖標示）
卡姆伊哇卡瀑布
卡姆伊哇卡溫泉瀑布
五湖斷崖
知床五湖
岩尾別溫泉

可以浸泡在流動溫泉中
知床最後的秘境

　　硫磺山位於列入世界遺產的知床半島正中央處，是座活火山，山腰處有溫泉湧出。湧出的溫泉流入卡姆伊哇卡河，因此河流全域都是溫暖的溫泉水，是一條與眾不同的河川，更稀奇的是下游有一座溫泉傾瀉而下形成的瀑布。

　　卡姆伊哇卡名稱的起源來自愛奴語，卡姆伊意為「神，以及崇高的存在」，哇卡則是指「水」，直譯的意思就是「神之水」。但是因為這條河的水質含有極高的硫磺成分，具有毒性，實際上沒有任何生物能生存其中，被認為是「魔之水」。

　　卡姆伊哇卡瀑布的上游有另一座瀑布名為「卡姆伊哇卡溫泉瀑布」，這裡可以進入有流動溫泉的河中泡湯。不過到野溪溫泉的路易滑不好走，加上有落石的危險，前往時須多加注意。

＊卡姆伊哇卡瀑布＝カムイワッカの滝
　卡姆伊哇卡溫泉瀑布＝カムイワッカの湯の滝

📅 **最佳造訪季節&周邊資訊**

知床五湖〜卡姆伊哇卡間的道路6〜10月期間會實施車輛管制，管制期間一般車輛與機車不得進入，但會有替代的專用接駁巴士行駛，出發前請記得先確認。

野付半島

{ ❀ 北海道 }

突出於鄂霍次克海
長達28公里的日本最大沙嘴

潮汐海流塑造的細長沙地與被海水侵蝕的植物

野付半島因前端往陸地方向大幅度地彎曲,而被取名為愛奴語中有「下巴」含義的「Nofu(野付)」。這個奇特的半島是向大海延伸的細長陸地,因沿岸流搬運的沙土經年累月堆積於靜水域所形成的地形,稱為「沙嘴」,上面棲息了甲殼類和貝類,及以兩者為食的鳥類等。

沙洲上與半島連接處到最前端的兩側修建了稱為「花之路」的道路,旁邊種滿原生種玫瑰與白芷等花朵,在道路上行駛有如在海面上奔馳,可以盡情兜風。

此外,這裡還有「Narawara」景觀——受到海水侵蝕的水楢如同白骨般林立的景象,以及謎樣的「Todowara」景觀——同樣受到海水侵蝕而枯萎的冷杉傾倒的風景。

不過,近年來因溫室效應造成海平面上升,沙地逐漸縮小,野付半島有部分區域海水已經逼近至道路旁。依今後的環境變化陸地可能會被海水阻斷,半島最後也可能變為海島。

📷 最佳造訪季節&周邊資訊

提供野付半島自然與歷史資訊的「野付半島自然中心」會舉辦當季花卉觀賞與野鳥觀察的最佳導覽行程。有徒步的散步行程,以及野付灣觀光船之旅,一定要好好遊覽這不可思議的沙洲半島。

ACCESS

🚗 汽車	釧路	總距離 約130km (約180分)	野付半島

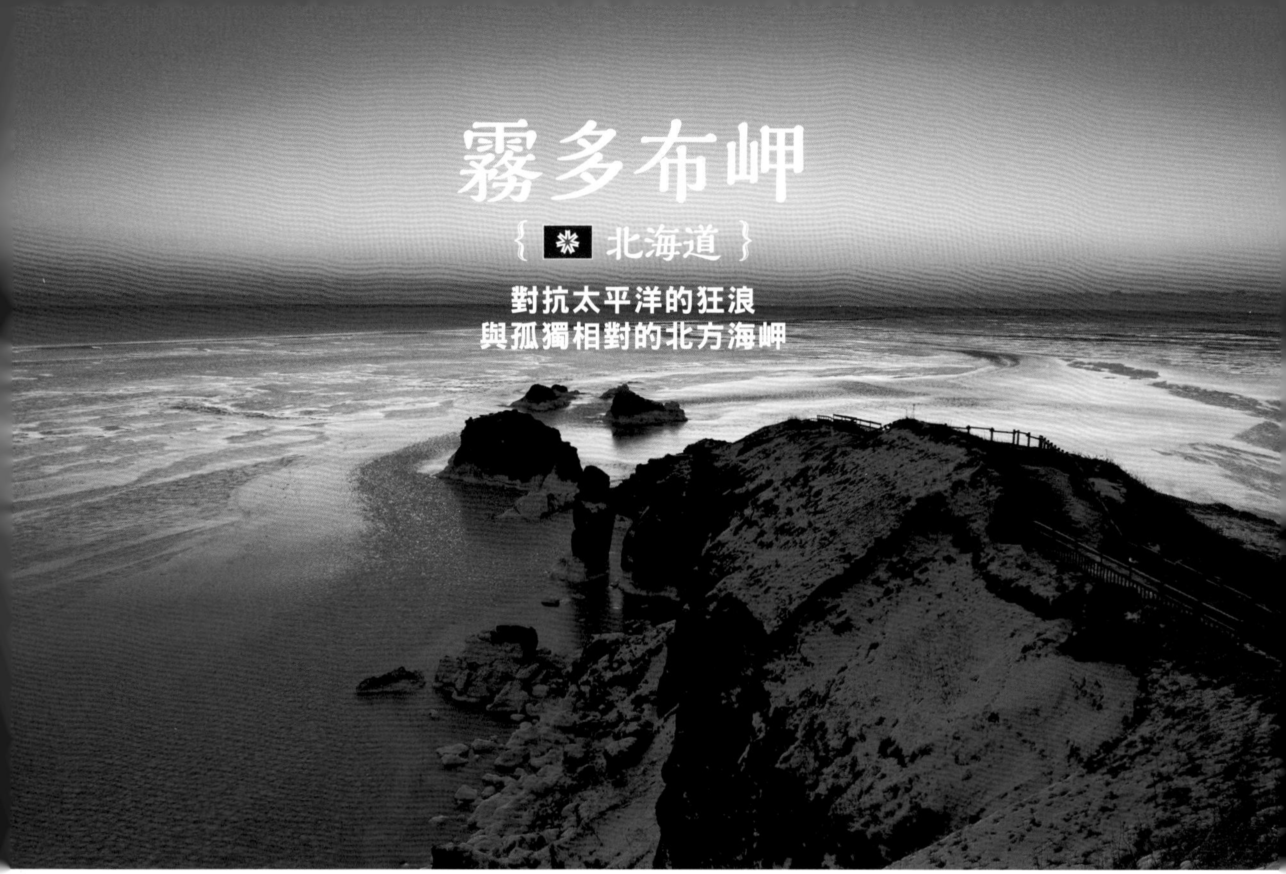

霧多布岬

{ 北海道 }

對抗太平洋的狂浪
與孤獨相對的北方海岬

可以見到嚴酷與優美並存的真實大自然的地方

位於厚岸道立自然公園內的霧多布岬，像是將自身投向大海般矗立於太平洋中，即使被狂浪拍打也毫不畏懼地挺立於原地。

霧多布岬正如其名，是知名的霧之名勝，所以此地萬里無雲的晴朗日子並不多。因此，這裡看到的海給人一種嚴峻的印象，讓人再次感受到壯觀景色的背後所潛藏的大自然的嚴酷。

海霧頻繁出現的這個地區，海拔雖不高卻有高山植物生長，性喜寒冷氣候的丹頂鶴與海鸚鵡等稀有鳥類也來到此地，形成一個與其他地方截然不同的生態系。人類眼中看似嚴酷的環境，對於其他動植物而言，或許是非常適合棲息的環境也說不定。

位於霧多布岬前方山丘上的草原設有觀景台，這裡除了可以眺望眼前一望無際的太平洋，也附設了露營場，只要備齊裝備就能夠在此過夜。視覺上看到的盡是大海冷酷無情的一面，但閉上眼睛側耳傾聽或許會有一些不同的感受。強勁卻優美的浪濤聲，像是地球的心跳聲般迴盪在耳邊。

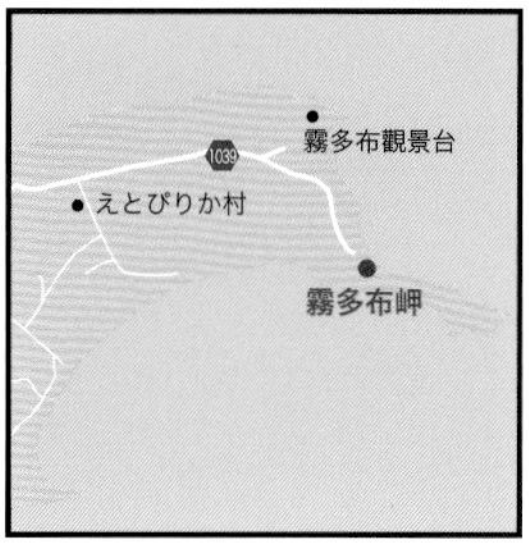

最佳造訪季節&周邊資訊

從霧多布岬到城鎮中心區路程約3公里。「霧多布溫泉ゆうゆ」位於海拔46公尺的湯沸山一角，是町營的純泡湯溫泉設施。這裡可以俯瞰霧多布的街景，也可以一望遠方的霧多布濕原與太平洋。同時也是路線巴士的終點站，是最適合紓緩旅途疲憊、易於前往的景點。

ACCESS

公共	釧路	JR根室本線（90分）	濱中	釧路巴士（約30分）	霧多布溫泉	步行（約30分）	霧多布岬
車	釧路	總距離 約85km [約100分]					霧多布岬

春國岱

{ ※ 北海道 }

沙丘與溼地共存
充滿謎團的原始大地

乍看之下不過是一片腐朽的大地
這裡卻有著讓人難以置信的多樣化生態系
請觀賞這保留地球原始面貌的珍貴自然環境

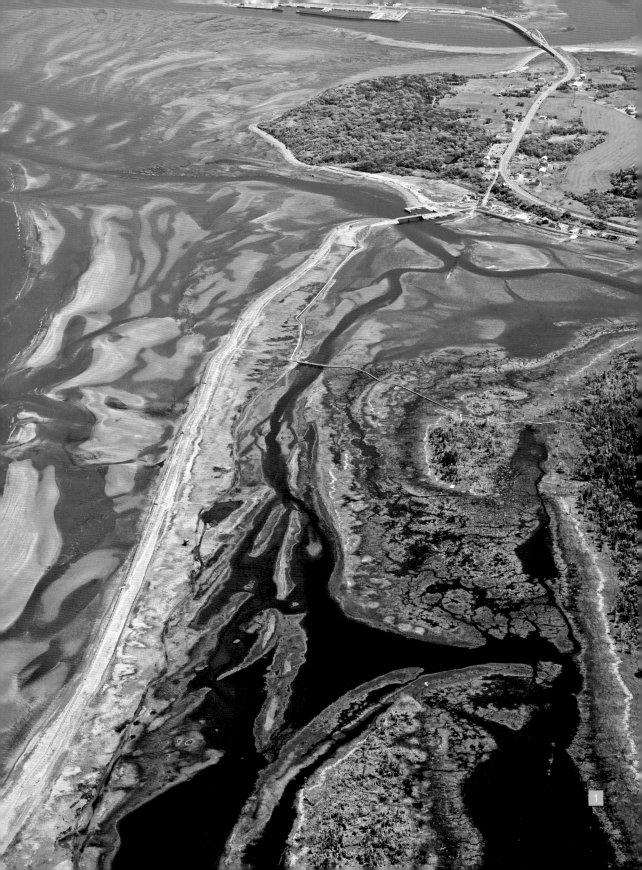

1 從上空俯瞰春國岱的沙地與綠地。 2 覆蓋上整片霜霜白雪的冬景。 3 森林中長滿綠苔。 4 季節交替時樹葉掉光的林木。

有如人造主題樂園般過於複雜的地形

　　這片令人感到不可思議的大地，不管是近看還是遠看，總叫人摸不著頭緒。這裡就是一般不可能同時出現的"沙丘"與"濕地"共存之地。

　　堆積在春國岱的沙據推測可能是3000年前到1500年前間透過鄂霍次克海的海流搬運來的。位於根室半島與陸地相連處的風蓮湖南側，沙丘綿延長8公里、寬約1.3公里，因為這個地方原本是海洋，沙丘與沙丘之間沒有沙土堆積的地方就變成了溼地，加上微微突起的沙丘上形成以針葉林為主體的森林。從大海的方向看過來，可見到沙灘、森林、濕地構成一個令人驚異的漸層地形。而且這個地方自有史以來幾乎無人開發，因而保有高度的原始性。

　　所以春國岱有日本雲杉、冷杉等林木以及野花菖蒲等的花草、蝦夷鹿與北狐等北海道具代表性的動物、海鷗與毛腿魚鴞等鳥類，連棲息於潮間帶的海瓜子與北寄貝都有，可以見到當地景觀難以想像的多樣化生物在此棲息。

ACCESS

📅 最佳造訪季節&周邊資訊

風蓮湖為周長65公里的潟湖，與大海隔了一個沙洲。每年一到10月中旬會飛來數千隻黃嘴天鵝，數量最多的時期為11月中旬前後。風蓮湖旁的「根室市春國岱原生野鳥公園自然中心」每個月都會介紹以野鳥生態為主的景點。

巴士	根室	根室交通巴士 （約20分）	東海	步行 （約2分）	根室市春國岱原生野鳥公園自然中心 春國岱
汽車		總距離 約18km （約20分）			

苫鵡/雲海平台

眼前無限擴展的雪白雲海
超乎想像的夢幻世界

不僅要具備特殊的地形與特定的氣象條件
還需要很好的運氣才能觀賞到
這片延伸到地平線盡頭的雪白雲海地毯

星野TOMAMU
渡假村 雲海平台

苫鵡站　●　　石勝線
　　　　　　　　195
道東自動車道

ACCESS

🚆 公共	新千歲機場	JR千歲線·南千歲轉車（搭乘特急列車約80分）	苫鵡	接駁巴士（約5分）	雲海平台（苫鵡滑雪場）
🚗 汽車		總距離 約110km（經道東自動車道約90分）			

1　為了觀賞到更美的雲海而設置的特等席。2　旭日從雲海中漸漸升起，旅人們目不轉睛地盯著這幅景象。

從設置於天界的平台俯瞰雲海
日常生活中無法獲得的體驗

　　雪白雲朵如大海般無止盡地延伸的雲海，這種現象並不是很罕見，但能如此近距離觀賞的只有苫鵡。

　　苫鵡的雲海平台位於海拔1088公尺處，是經過縝密計算後設置的。因為想要近距離觀賞雲海，觀測地點的高度非常重要，太高的話會離雲海太遠，相反地太低則會淹沒於雲海中。可以俯瞰日高、十勝景色的這個地點，平台設置在視線恰好能夠眺望雲海的高度。

　　由於雲海屬於自然現象，理所當然地，即使從正確的高度觀測，也不能保證每次都能夠觀賞到最佳狀態的雲海。想要看到最完美的雲海，除了觀測地點與氣象條件齊備以外，還要有好運氣。正因為如此，當遇見伸手可及的雲海時才會特別感動。具有立體感的雲海，像是隨時可以跳上去漫步到各地，帶領觀賞者進入不尋常的奇妙世界。

📷 **最佳造訪季節&周邊資訊**

雲海不一定每天都看得到，6月～9月的機率為30%～40%，相對來說比較高。想要知道看到雲海的機率與相關資訊可以撥打雲海專線（TEL：0167-58-1205）。此外雲海平台開放的時間為5月中旬～10月中旬。

釧路濕原

{ 北海道 }

長滿整片蘆葦與薹草等植物的水之大地

以丹頂鶴重要繁殖地聞名的日本最大濕原

1935年，作為「釧路丹頂鶴繁殖地」，釧路濕原的部分區域被列為國家天然紀念物，其後指定範圍大幅擴張，現在整片濕原約3分之1皆劃入保護的指定區域。

過去日本政府也曾嘗試將這片廣闊的濕原轉為農地，但擔憂豐富的生態系會遭到破壞等問題，政策大轉彎。現在不再考慮開發，而是專注於保護當地原有的環境，目前國土交通省與環境省正推動「釧路濕原自然再生專案」等自然再生事業。

濕原中有一條源自屈斜路湖注入太平洋的一級河流釧路川蜿蜒流過，河中有日本最大的淡水魚遠東哲羅魚、極北鯢等稀有生物。其他還有生活在水邊的生物、各種各樣的植物棲息，其中赫赫有名的是丹頂鶴。

釧路濕原一到夏季就可見到正值繁殖期的丹頂鶴，丹頂鶴之後會暫時飛離但冬天時會回來過冬。為了一睹丹頂鶴的風采，這個時期會有許多野鳥觀察家與攝影愛好者來訪。

最佳造訪季節&周邊資訊

在四季擁有不同風貌的釧路濕原，來趟自然探險的獨木舟體驗如何呢？最推薦夏季的早晨划獨木舟，在朝霧瀰漫的寂靜大自然中，可以享受時間緩慢流動的特別時刻。運氣好的話說不定還可以看到蝦夷鹿或丹頂鶴…。

ACCESS

電車	釧路	釧網本線（約30分）	釧路濕原	步行即到	釧路濕原（釧路濕原國立公園）
汽車		總距離 約15km（約30分）			

納沙布岬

{ ❀ 北海道 }

眺望近在眼前的北方四島
位於日本本土最東邊的海岬

身在日本卻能明顯感受到鄰國存在的邊陲之地

納沙布岬是位於根室半島尖端的海岬，不算離島的話這裡就是日本本土最東端。一直以來由俄羅斯支配的齒舞群島的貝殼島就在納沙布岬前方僅3.7公里處，即使是肉眼也可以看得很清楚。

因為地處這樣的地理位置，在海岸看見俄羅斯巡邏船出沒也不稀奇。日本雖為島國，但這裡卻能讓人在視覺上感受到與他國的國境界線。海岬上立著一座以「通往四島之橋」為題的巨大象徵物，象徵物，紀念北方領土回歸日本，下方則點著「祈禱之火」。

由於納沙布岬位於日本本土最東邊，日出時間非常早，6月時凌晨3點30分過後太陽就會升起，因此每年元旦都會有大批遊客為了觀賞日本第一道曙光而聚集於此，相當熱鬧。另外夏季最熱的8月平均氣溫16.5℃，為全日本最低，8月的平均最高氣溫20.2℃，對本州的人而言已經超越涼快的程度，是令人稍微感到寒意的氣溫。

若有機會到訪納沙布岬一定要嚐嚐「炸豬排奶油飯」這道B級美食，奶油飯上擺上炸豬排，再淋上多蜜醬，是會讓人上癮而其他地方吃不到的美味。

📅 最佳造訪季節&周邊資訊

納沙布岬往西10公里左右有一個面積廣達75公頃的「北方原生花園」，園內具代表性的植物是有如鋪上紫色地毯般開滿整片的山鳶尾，6月～7月間還有蝦夷宣草、黑百合、睡菜、白毛羊鬍子草等盛開。

ACCESS

🚌 巴士	根室	根室交通巴士 （約45分）	納沙布岬
🚗 汽車		總距離 約23km （約40分）	

賀老瀑布

{ ※ 北海道 }

流傳著守護財寶的龍神傳說
北海道數一數二的大瀑布

爬上陡坡與長長的石階
映入眼簾的是擁有磅礴水量的著名瀑布
龍神的御神水從岩縫中湧出

天狗岳
千走川溫泉
狩場山　東狩場山　賀老溪谷
賀老瀑布

ACCESS

		巴士（在壽都轉車） （約100分）	賀老路	計程車 （約20分）	賀老瀑布 （從停車場步行20分）
公共	黑松內				
汽車		總距離 約50km （約100分）			

■ 運氣好的話還可以見到橫跨瀑布水潭的彩虹。2 瀑布發出爽朗的巨響，一口氣衝下70公尺高的斷崖。

負傷的鹿是神派來的使者!?
賜與心地善良的男子恩惠

　　賀老瀑布高70公尺，寬35公尺，在北海道是規模數一數二的瀑布。這裡流傳著以下的傳說。

　　寬永8年，賀老瀑布一帶發現了金沙，但身為松前藩士的小太郎害怕受到幕府壓榨，於是決定將金沙藏起來。藏匿地點他煩惱了非常久，最後決定藏在他曾救過負傷小鹿的賀老瀑布。小太郎抵達瀑布後出現了一頭鹿，用腳指著瀑布水潭處，他將金子藏在鹿指引的地方時，龍神現身並答應守護財寶。據說後來只要想挖掘財寶的人都一定會遭受詛咒。

　　大家之所以會認為這段傳說可信度高，主要是因為從岩縫中湧出流入瀑布的天然碳酸水。被稱為「龍水」的碳酸水有解決慢性消化器官疾病、便祕、貧血的效果，人們一直相信這就是龍神的御神水。

最佳造訪季節&周邊資訊

推薦綠意蔥蘢的夏季前往。由於賀老瀑布下方沒有水潭，水直接打在岩石上濺出水霧，形成彩虹，相當有名。選擇水量多、晴朗的上午前往看見彩虹的機率較高。此外上游的賀老高原有自遠古以來就存在的日本櫸木原生林，9月中旬～10月中旬的紅葉最美。

駒岳/大沼

{ ❀ 北海道 }

**獲選為新日本三景
道南地方具代表性的風景名勝**

好看又好玩！推薦給戶外活動派的國定公園

　　駒岳的山麓形狀優美且平緩，讓人聯想到富士山，因而有「渡島富士」的別名。一般推測駒岳是因3萬年前左右開始的火山活動所形成。駒岳的山麓有以大沼等的大小各種湖沼分布，包含上述湖沼的周圍一帶已列為國定公園。

　　坐擁豐饒綠意的大沼國定公園是自函館開港的明治時期以來日本最早的渡假勝地，相當受到民眾喜愛。當時還是皇太子的大正天皇，以及德國與義大利的皇族等也曾來訪。

　　另外，1915年時與三保的松原、邪馬溪的競秀峰同時獲選為「新日本三景」，一年當中有許多觀光客到訪。

　　大沼除了有騎馬與划船等活動，運氣好的話還可以見到蝦夷松鼠和北狐等北海道才有的野生動物。冬季湖沼會結一層很厚的冰，可以享受在冰上釣西太公魚的樂趣。

　　海拔1113公尺的駒岳不只是可以觀賞，也能夠攀登。從山頂上可以眺望在陽光照射下閃耀的大沼國定公園。

🏛 最佳造訪季節&周邊資訊

最佳造訪季節是初夏的5月下旬～秋季樹葉轉紅的10月下旬。大沼公園內設有露營場，可以在最佳位置盡情享受大自然。另外園內也可以搭乘遊覽船欣賞風光、划船、租自行車、釣魚等，活動相當豐富。

ACCESS

🚃 電車	函館	函館本線（約50分）	大沼公園
🚗 汽車		總距離 約30km（約40分）	

天賣島

{ ❀ 北海道 }

被指定為鳥獸保護區的海鳥樂園

曾陷入環境破壞的危機卻又再次重生的綠色島嶼

天賣島有崖海鴉、角嘴海雀、黑尾鷗等多種的海鳥在此棲息，其中屬於海雀科的角嘴海雀竟然有多達30萬對在此進行繁殖。

角嘴海雀3月左右會飛來天賣島，4月開始孵卵，進入5月雛鳥陸續孵化後，親鳥就會外出覓食。白天牠們生活在海上，到傍晚就會銜著大量小魚一起飛回鳥巢。數十萬隻角嘴海雀同時飛舞的景象只有精彩兩字可以形容。還可以看到角嘴海雀與等在鳥巢附近撿便宜的黑尾鷗互鬥的一幕，可窺知海鳥對於生存的執著。

今日的天賣島讓人很難相信其在明治時代曾瀕臨毀滅的危機。當時天賣島湧入大量從事捕撈鯡魚的移民，他們為了取得木材濫砍樹木，逐漸破壞島內的森林。自然環境遭受破壞，棲息於其中的生物當然也受到很大的影響。可想而知，海鳥的數量大幅減少。這種狀況觸動了北海道地方政府的危機意識，世界大戰結束後開始推動植林，1990年代以後終於漸有成果。

📷 最佳造訪季節&周邊資訊

每年7月下旬天賣港渡輪總站一帶會舉辦為期2天的「日本美味之冠 天賣海膽祭」，販售以天賣島捕獲的海膽為主的海鮮，會場中的B.B.Q區提供現場購買食材的燒烤服務。

ACCESS

🚌 巴士	札幌	搭乘函館本線特急到深川站轉乘留萌本線（約120分）	留萌	沿岸巴士（約80分）	羽幌町	渡輪（約8分）	天賣島
🚗 汽車		總距離 約200km（經道央自動車道約180分）					

ACCESS

巴士	駒根	巴士〔約15分〕	菅之台巴士中心〔大停車場〕	巴士〔約30分〕	しらび平	纜車〔約8分〕	千疊敷冰斗
汽車		總距離 約2km〔從中央自動車道駒根交流道下約3分〕					

❶　冰斗內興建了觀光步道，約40分可走完一圈。❷　紅葉季節整個冰斗渲染成絕美的火紅色，相當受歡迎。

千疊敷冰斗

中央阿爾卑斯駒岳纜車

しらび平站

75

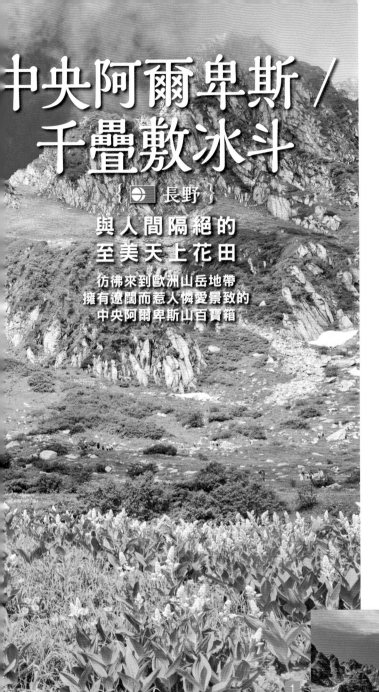

中央阿爾卑斯/千疊敷冰斗

【🚉 長野】

與人間隔絕的至美天上花田

彷彿來到歐洲山岳地帶
擁有遼闊而惹人憐愛景致的
中央阿爾卑斯山百寶箱

春夏秋冬擁有不同風貌 冰河削鑿出的遠古大地

中央阿爾卑斯山·寶劍岳山頂的正下方有著據稱相當於1000張榻榻米大的千疊敷冰斗。

冰斗是受到冰河侵蝕而形成的半圓形窪地,千疊敷冰斗據推測是距今約2萬年前形成的地形。

位於海拔2600公尺處的千疊敷冰斗以高山植物的寶庫聞名,一到夏天這一帶就開滿了楚楚動人的花朵。沒有人力介入的野生花朵不規則地綻放,卻展現了強而有力的生命力,震撼了旅人的心。

季節更迭,入秋後景色為之一變。草木一口氣變紅,大地渲染成紅色。冬季雪靜靜地飄落,積雪構成的銀白世界與深藍天空的對比極美。春末時會設置吊椅索道,許多滑雪遊客來此滑雪,熱鬧非凡。

山腳下的しらび平站有纜車行駛。千疊敷冰斗雖然位處高地但交通方便,可以輕鬆前往。

📅 **最佳造訪季節&周邊資訊**

只有在夏季7月～8月極短的期間才看得到多達150種的高山花卉爭相綻放。擁有黃色楚楚動人小花的叢生金蓮花是千疊敷冰斗夏季的代表花卉。另外如燃燒火焰般的秋季紅葉9月下旬～10月上旬最美。

三春瀧櫻

〔🔒 福島〕

海內外擁有許多子孫樹
日本三大巨櫻之一

**1000年的樹齡自然不在話下
第一眼見到時驚訝的是其枝葉的範圍
東西長22公尺、南北長18公尺的巨樹值得一看**

ACCESS

🚃 公共	郡山	磐越東線（約15分）	三春	瀧櫻季節（4月中旬~4月下旬）JR三春站有臨時巴士瀧櫻號發車（約15分）
🚗 汽車		總距離 約15km（約30分）		

三春瀧櫻

🔲 在樹下往上看，感覺像是被櫻花包覆一般。🔲 打上燈光的夜櫻給人與白天不同的印象。

代表日本的櫻花
年華老去而不失其美

　　種植於福島縣田村郡三春町的三春瀧櫻，是樹齡超過1000年的巨大紅枝垂櫻，被列為日本的國家天然紀念物。

　　親眼見到三春瀧櫻時其規模令人驚奇不已，樹高12公尺，但向四面八方伸展的枝葉東西長22公尺，南北長18公尺，遠遠超過樹的高度。正因為如此巨大，所以三春瀧櫻名列日本三大巨櫻之一，吸引了日本各地的觀光客前來觀賞。

　　瀧櫻這個名稱來自於每年4月中旬到下旬櫻花盛開時，粉紅的花朵如同傾瀉而下的瀑布，四周的花香像是籠罩整個大地般，因而取名瀧櫻。晚間點燈時會展現與白天截然不同的冶艷風情。

　　與三春町締結為姊妹市的市町村有的會收到三春瀧櫻的子孫樹，現在日本國內各地與台灣、波蘭、奧地利等地都有種植擁有相同DNA的櫻花樹。

🏛 **最佳造訪季節＆周邊資訊**

距三春町3公里路程的郡山市中田町也有枝垂櫻的著名景點，「紅枝垂地藏櫻」樹齡400年，據說是三春瀧櫻的女兒，主要枝幹四面延伸，範圍達18公尺。「上石不動櫻」位於不動堂境內，據說這也是瀧櫻的子孫。

宗谷丘陵 ｛❀ 北海道 ｝

叢生蒲公英妝點大地
純正的北海道美景

一路延展至遠方的蒲公英草原
讓人不知該如何踏入
夢想中的北海道真實呈現在眼前

ACCESS

					宗谷丘陵 （觀景休憩設施）
巴士	稚內	宗谷巴士（約60分）	宗谷岬	步行（約15分）	
汽車		總距離 約30km（約50分）			

■ 一眼望去整片都是蒲公英草原。因為沒有遮蔽物，天空也顯得特別遼闊。② 等待風的到來的風車群與以白色扇貝鋪設而成的貝殼步道。

填滿廣闊的天空與大地
由黃、綠、藍構成的3色世界

　　宗谷丘陵位在日本最北端的宗谷岬南部，在地形上被歸類為丘陵地，但整體起伏平緩，幾乎沒有低谷。

　　過去這裡曾有一片蒼翠的森林，因明治時代發生大規模的森林火災而全部消失，加上寒冷的氣候、無遮蔽物的地形助長強風等影響，時至今日還無法看到有任何樹木生長。

　　但另一方面，因為沒有障礙物所以視野極佳也是不爭的事實。在宗谷丘陵可以觀賞到廣闊的大地與無邊無際的藍天這些極富北海道風情的景色。此外，當地也利用強風進行風力發電，丘陵內立著57座巨大的風車。

　　為了讓遊客可以充分享受這些美景，當地興建了「宗谷丘陵foot pass步道」，有5公里與11公里兩種路線，在大自然中健行也很受遊客歡迎。

最佳造訪季節&周邊資訊

一望無際的綠色丘陵，是2萬年前的冰河時期所形成的冰緣地形，地勢平緩起伏綿延，景觀極為出色，初夏時會開滿一整片的黃色蒲公英。丘陵上可見放牧畜養的宗谷黑牛，彌漫著一股悠閒淳樸的氣氛。

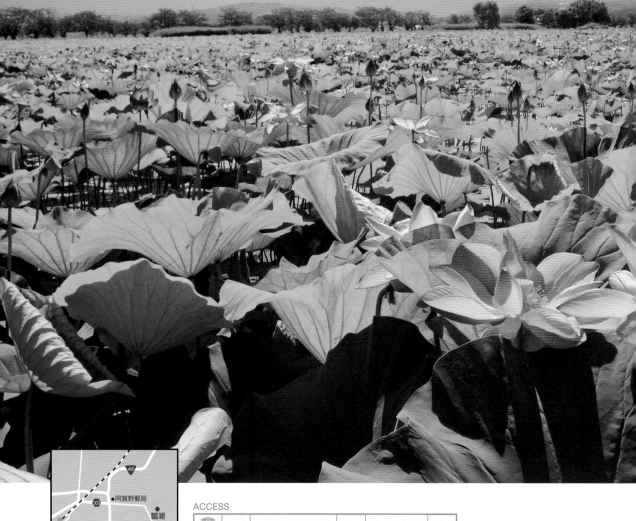

瓢湖 { ◎ 新潟 }

天鵝飛來過冬
原為蓄水池的人工湖

夏季有蓮花、冬季則有天鵝停滿湖面
孕育世界罕見豐富生態系的人工湖

ACCESS

🚃 公共	新潟	JR信越本線‧新津站轉乘羽越本線（約30分）	水原	阿賀野市營巴士（約5分）	瓢湖
🚗 汽車		總距離 約20km（約40分）			

1 __蓮花在湖面上綻放粉紅艷麗的花朵。 2 __10月到3月間天鵝會飛來過冬。

原先作為蓄水池的人工湖
最後被列為天然紀念物

瓢湖夏季開滿蓮花，冬季則有無數的天鵝飛來過冬。若說這裡原本是人造湖，究竟有多少人會相信呢？

瓢湖建於1639年，當時是為了作為蓄水池而建造，因為其形狀與葫蘆相似，所以取名為瓢湖。沒想到這座人工湖有一天突然飛來了天鵝。

根據相關記錄，瓢湖最早見到天鵝的蹤跡是在1950年。當時是報導人工湖有天鵝出現，應該是一則很快會被人遺忘的新聞。但是瓢湖卻在4年後成為全日本第一個成功餵食野生天鵝的地方。之後瓢湖每到冬天就會有多達6000隻的黃嘴天鵝與小天鵝飛來過冬。當地努力的成果獲得肯定，現在成為「水原的天鵝渡來地」，已列為國家天然紀念物。

1

2

📅 最佳造訪季節&周邊資訊

蓮花爭相綻放佈滿整個湖面的7月下旬～8月中旬是最佳賞花季節。蓮花早晨開花，到傍晚時分會闔起花瓣，所以建議早一點去觀賞。此時也可見到夏季候鳥黃小鷺沿著蓮莖小心行走的可愛身影。

久禮灣

{ ⏻ 高知 }

朝霧中熊熊燃燒的火紅太陽
向世界宣告一天已經開始

從1億5000公里外放射出來的陽光
將地球的早晨染成朱紅色
也為日本的港都帶來嶄新的一天

1 在朝霞中浮現的燈塔輪廓。 2 清晨開往外海的漁船。 3 形狀非常相似的觀音島與弁天島。 4 山邊早晨瀰漫著濃霧。

朝霧、日出、漁船完美結合為此地特有的清晨景觀

　　日本自古以來就有特別重視日出的文化，元旦的「第一個日出」、在山頂上觀賞「曙光」等，都是因為太陽升起之國這個理由來。日本各地有許多可以觀賞特別的日出的地點，而位於高知縣高岡郡中土佐町的久禮灣，也是可以一睹美麗日出風采的景點之一。

　　久禮灣的開口面對太平洋，後方聳立著重重相連的群山。山間夜晚到清晨所產生的大量霧靄，順著由西北方往下吹的風飄移到海上，與海上產生的霧氣合而為一，創造出夢幻的景色。

　　太陽從海平面上升起時，朝霧就像是螢幕，將海面上渲染成如火焰燃燒般的朱紅色。依據當時的氣象條件有時可以見到非常難得的日出景象——剛升上海平面的太陽，在下方的水面倒映出另一個太陽，兩個太陽部分重疊在一起，被稱為「不倒翁朝日」。

　　久禮同時也是漁夫小鎮，天一亮就會有漁船航向外海，此時可以觀賞駛入美麗朝霞中的漁船剪影，這樣的景色別處是無法見到的。

📅 最佳造訪季節&周邊資訊

9月下旬～3月下旬可以觀賞到美麗的不倒翁朝日，這個時期有很多為了攝影而來訪的遊客。另外以鰹魚著名的中土佐町久禮，自古以來漁業就是支撐當地經濟的主要產業，到充滿活力的叫賣聲此起彼落的「久禮大正町市場」散步也是不錯的選擇。

ACCESS

電車	高知	JR土讚線（搭乘特急列車約50分）	土佐久禮	步行（約30分）	久禮灣
汽車		總距離 約60km（經高知自動車道約50分）			

足摺岬

{ 🕐 高知 }

全方位觀賞太陽的位移
讓人實際感受到地球是圓的

從夜晚切換到早晨的過程中
由冷色系轉為暖色系的天空畫布
與黑潮波浪破碎的漆黑斷崖

ACCESS

公共	高知	JR土讚線 （搭乘特急列車約100分）	中村	高知西南交通巴士 （約100分）	足摺岬
汽車		總距離 約160km （約180分）			

🔟 一望無際的海平線訴說著地球的廣大無邊。 🔟 由紅轉藍的天空呈現出完美的漸層。

由太陽與海平線可知
地球的弧度與自轉速度

　　位於四國最南端的足摺岬，其尖端是一座高約80公尺的斷崖絕壁，不斷拍打岩壁的黑潮發出巨響，化為水花。

　　矗立於斷崖上的足摺燈塔是日本國內規模最大的燈塔，自1914年點燈以來，正好經過100年，一直不眠不休地守護著外海來往交錯的船隻。從燈塔看到的景色，只有壯觀一詞可以形容。視線沿著海平線看去，會有種錯覺，感覺到地球是圓的。

　　足摺岬突出於太平洋，除了可以看到旭日東昇，也能見到落日西沉。尤其是位於海岬上的2處觀景台，除了後方的景色以外，採用可以270度觀景的設計。

　　隨著太陽接近海平線，其周圍的紅色就越鮮明，讓人再次體認到不變的真理——自己腳下所踏著的地球每一分每一秒都在轉動。

最佳造訪季節&周邊資訊

冬季在足摺岬見到的旭日特別美麗，此時海岬上多達6萬多株的野生山茶花正值花期，每年2月都會舉辦「足摺山茶花祭」。另外遊覽留有關於弘法大師傳說的著名景點「足摺岬七大奇觀」也很有趣。

星峠梯田

{ 📷 新潟 }

像是會在故事中出現
山中令人懷念的日本原風景

耀眼的陽光照亮大地
照在開闢於山間的梯田的每個角落
也為不同於昨日和明日的重要一天揭開序幕

ACCESS

🚃 公共	越後湯澤	北陸急行北北線 （約45分）	北北大島	計程車 （約20分）		星峠梯田
🚗 汽車		總距離 約50km （約80分）				

1　照耀大地的陽光一口氣喚醒了山間的梯田。　2　如同鏡子般表面平滑的水田倒映著染成紫色的天空。

只有初春插秧前才能見到如鏡子般映照天空的梯田

　　星峠梯田過於夢幻的風景，像是把民間傳說的某個場景搬到了現實生活中。眼前的景色既非為了拍攝電影所架設的佈景，也非利用CG製作的合成照片，而是真實存在於日本的風景。

　　讓人懷疑其存在的美麗景色，是在位於新潟縣松之山松代地區的星峠拍攝的日出風景。沿著山坡面呈階梯狀闢建的梯田，實際上有種植稻作。因此像這樣梯田裡只有水，如鏡面般閃耀的狀態只有插秧前的初春時節才見得到。

　　星峠梯田雖然是入選「日本山村100選」的絕美景點，但這裡畢竟是農家栽種稻米的私有地，造訪當地時請勿隨意進入用繩子圍起來的地方或農地。此外，汽車不要停在指定場所以外的地方，也要徹底實行將垃圾帶回家等，前往參觀務必遵守應有的禮節。

1

2

最佳造訪季節&周邊資訊

想要盡情欣賞新綠與水鏡之美，建議在5月下旬插秧前造訪。稻作收割後的10月下旬也會灌水至梯田中，可以見到秋天清朗的天空倒映在水鏡中。積雪時不會剷雪，因此車輛無法進入。

姫鶴平 {★ 愛媛}

錯看成月球表面
十分特殊的奇妙落日景色

遍布大地的石灰岩群
形成地表上他處見不到的景象
多雲的天空與夕陽營造出詭異的氣氛

ACCESS

🚗 汽車	松山	總距離 約80km （約140分）	姫鶴平

地圖標示：52、440、小牛城、天狗高原滑雪場、姫鶴平、383、井之谷集會所、440、304

① 落日餘暉射入表面粗糙的石灰岩與烏雲密布的天空之間。
② 晴天的白晝可見到清澈的藍天。

夜晚與白晝呈現完全相反的印象
形成於高原的喀斯特台地

　　完全感受不到生命力、由無機物質構成的岩石，與覆蓋於其上厚重的雲層營造出一幅奇異的風景。好不容易從地面盡頭放射出的橘光，像是預告會發生不祥之事的前兆，給人一種不吉利的感覺。

　　這裡是稱為「四國喀斯特」的地形，位於高知縣與愛媛縣的縣境上。佈滿地面偏白的岩石推測是遠古時代位於海底的珊瑚礁石化的結果，後來經過達數千年的雨水侵蝕，才變成現在這樣表面粗糙的岩石。

　　四國喀斯特大致可分為大野原、五段高原、天狗高原、姬鶴平等4處，姬鶴平位於接近正中央的位置。這個位處海拔1400公尺的火山口，伸手似乎就可以抓到雲朵，感覺距離天空特別近。

　　白天這裡有附近人家飼養的牛隻在此放牧，不會讓人覺得詭異，反倒是悠閒純樸的風景，為觀賞者的心靈帶來平靜。

🏕 最佳造訪季節&周邊資訊

「姬鶴平露營場」擁有360度的全景，可以用全身去感受姬鶴平廣闊的大自然。四周沒有任何遮蔽視線的障礙物，氣勢壯觀的景色非常震撼人心。夜晚因為沒有路燈所以這一帶籠罩在黑暗中，天氣不錯時可以見到滿天星斗，堪稱絕景。

能登金剛

 石川

日本海的狂浪塑造出
粗獷嶙峋的奇岩群

奇岩、奇景、斷崖絕壁密布
北陸最美的風景名勝展露
只有早晨與傍晚才能見到的優雅神秘風情

① 迎接朝陽的見附島。 ② 據說是紡織之神遺留下的機具岩。 ③ 晚霞籠罩的關野鼻。 ④ 以注連繩相連的夫婦岩。

大自然的藝術品沿著海岸線一字排開的野外博物館

石川縣能登半島的能登金剛，其地名由來是受到朝鮮半島有名的風景名勝「金剛山」的影響而取名為能登金剛。這裡因為日本海的浪濤侵蝕，奇形怪狀的岩石林立，是北陸第一絕景地。

能登金剛分布著多到數不清的知名景點，供日本各地來訪的人們遊覽。如日本最早的木造日式燈塔所在的「福浦港」、流傳著紡織之神擁有的織布機變成岩石的傳說的「機具岩」、被源賴朝追殺的其弟源義經藏了48艘船的地點「義經之舟隱」、松本清張的小說『零的焦點』的舞台「荒瘠斷崖」等景點都在這裡。

其中最受歡迎的是被視為能登象徵的「見附島」。弘法大師空海命名的這座無人島，早晨跟隨著太陽的腳步接受朝陽的洗禮，傍晚為太陽送別時臉頰上暈染著夕陽餘暉。見附島被稱為能登象徵的緣由來自於其材質，據說這整座島都是由當地珠州市特產

「七輪」的著名原料——珪藻土構成，因而被人們視為小鎮的象徵。

📅 最佳造訪季節&周邊資訊

為了讓遊客能夠更近距離感受能登金剛的存在，當地有遊覽船航行，需時20分。可以搭船遊覽天然洞門「巖門」，這是受到日本海的狂浪侵蝕，有松樹生長的岩石開了個大洞而形成的，以及相傳義經與弁慶曾在此下圍棋的「棋盤島」等地。

ACCESS

🚆 公共	金澤	北鐵能登巴士門前急行線 （高浜下車） （約90分）	計程車 （約15分）	能登金剛 （巖門）
🚗 汽車		總距離 約70km （約80分）		

尻屋崎的寒立馬

{ ⛰ 青森 }

無畏嚴酷的環境
擁有崇高精神的馬匹

從不依賴他人也不叫苦　面對無止盡的降雪與津輕海峽的狂風
只以自身肉體抵擋的孤高存在

ACCESS

🚌 巴士	下北	下北交通巴士 （約10分）	陸奧巴士 總站	下北交通巴士 （約60分）		尻屋崎
🚗 汽車		總距離 約30km （約60分）				

① 寒立馬對於飛揚的冰雪與寒氣等感覺像是一點也不以為意。
② 在雪上踏著堅定步伐前進的純白寒立馬。

因為農業機械化
一度面臨滅絕危機的寒立馬

　　下北半島北邊為津輕海峽，東側為太平洋。尻屋崎位於下北半島東北部，這裡有稱為寒立馬的馬種在此放牧。

　　「寒立」原先不是用來形容馬的詞語，而是又鬼（日本東北地方的獵人）描寫羚羊冬季在雪中長時間立於山地高處模樣的詞語。

　　後來尻屋小學·中學的校長，在1970年年初的書法寫作聚會上歌詠「黎明時寒立馬氣勢十足的嘶吼，連筑紫（九州）平原的暴風雨也無法比擬」，於是當地一直以來放牧飼養的馬就此開始稱為寒立馬。

　　寒立馬耐寒又能接受粗食，體格強壯富有耐力，過去常用來作為農耕馬或載貨馬，但隨著農業機械化，對於寒立馬的需求減少，1995年數量銳減至僅剩9匹。不過在無法坐視寒立馬滅絕的當地人的努力下，現在寒立馬增加至40匹，更被指定為青森縣的天然紀念物，再次受到矚目。

最佳造訪季節&周邊資訊

尻屋崎於12月～3月的冬季期間會封閉。4月的開放時間為8：00～16：00，5月～11月為7：00～17：00。靜靜佇立於寒風中的寒立馬的力與美之姿令人讚嘆，夏季藍色天空與大海搭配白色尻屋崎燈塔所構成的對比所散發的純樸氣氛也很不錯。

八甲田山的雪景

{ 🗻 青森 }

**世界少數的多雪地帶
綻放的白色細緻雪之花**

雪白與精巧兼具、只有冬季才能見到的銀白世界

說到八甲田山，就想到針葉樹被冰雪包覆凝結的有名「樹冰」。其實在變成樹冰之前的過程，可以看到樹枝根根分明的「雪之花」。

與樹冰的形成過程相同，雪之花也是過冷卻水滴構成的濃霧遇到樹木，附著凍結後形成。這樣的冰因為含有許多氣泡所以不透明，呈現如雪般的白色。另外，剛附著到樹木上的冰非常脆弱，用手輕輕一碰就會掉落，很容易就恢復原貌。

但是樹木表面包覆上多層冰雪之後，樹枝逐漸變粗，即使觸摸上面的冰也不會輕易剝落。2月～3月間氣候變得更加寒冷，樹冰會成長到無法辨識其中樹木原貌的程度，甚至有些會化為讓人無法想像其中有樹木的巨大雪塊，而產生另一個名稱——「冰怪」。

八甲田山在3月下旬左右會飄來黃沙，樹冰也會從原本帶藍色的雪白，轉為偏黃的白色。想要親身體驗像是用顏料上色般的純白冰雪世界，建議3月中旬前來訪較佳。

📅 最佳造訪季節&周邊資訊

八甲田山氣候嚴寒，要到5月中旬春天才會降臨。5月下旬～6月中旬可以觀賞群聚叢生的白根葵，夏季則有更多高山植物開花，賞心悅目。9月～10月的秋季從纜車上看到的紅葉景觀只有壯觀一詞可以形容。

ACCESS

🚌 巴士	青森	JR巴士（八甲田纜車山路站前下車即到） （約60分）	八甲田山
🚗 汽車		總距離 約30km （約60分）	

流冰與知床半島

{ ❋ 北海道 }

填滿鄂霍次克海、不斷流動的冰雪大地

不僅能觀賞還能踏上流冰的知床流冰之旅

知床半島因保有稀有野生動物與原始自然景觀而於2005年列入世界遺產。這裡每年一到1月下旬會漂來填滿大海的大量流冰，在此觀測到的流冰是由跨越俄羅斯與中國的黑龍江所形成的，通過鄂霍次克海後慢慢南下，無數的流冰集結在一起然後來到知床半島。

這個時期停泊於知床港的所有船隻，為了避免被流冰擠壓破損都會拉上岸。流冰中大的達數百公尺，若不小心撞上船隻，即使是大船也會輕易地沉沒。知床半島的斷崖絕壁據說就是每年來的流冰的擠壓力量造就的成果。

光是欣賞大規模漂流過海的流冰就已足以被其氣勢震懾，知床竟然還有提供可以在流冰上遊覽的行程。流冰這個名稱給人腳下會不平穩的印象，但其實無數巨大的流冰只是互相推擠而已，冰面安定性極佳，與印象中的落差令人訝異。旅程中如果運氣

好的話有時可以看到被稱為「冰海小精靈」的浮游軟體生物。

📅 最佳造訪季節&周邊資訊

當地有多種觀光船之旅，可以觀賞體驗世界遺產知床的壯觀景色。春季～夏季有機會可以見到海豚群、秋季則有機會遇到追逐鮭魚的棕熊。此外，這個地區也以品質優良的溫泉著稱，溫泉旅館可以泡湯並享用新鮮的海產。

ACCESS

🚃 公共	釧路	釧網本線（約150分）	知床斜里	斜里巴士（宇登呂溫泉巴士總站下車）（約60分）	知床半島（斜里町宇登呂）
🚗 汽車	釧路	總距離 約170km（約240分）			知床半島（斜里町宇登呂）

秋季溪谷 安之瀑布

{ ▶ 秋田 }

**披上紅、黃色的織錦
既莊嚴又華麗的知名瀑布**

妝點上美麗色彩的瀑布流傳著苦等戀人的少女悲戀傳說

江戶享保年間，這裡住著一位名叫「安」的少女，她與在金山工作的男子「久太郎」相戀，但金山是男性的工作場所，禁止女性出入。久太郎不希望造成騷動，對同僚說了「請轉達安我之後會來接她」以後就下山了，但對方卻騙安說「久太郎犯下違反禁令的罪行被捕，最好忘了他」。於是深受打擊的安跳下瀑布，自此之後，這座瀑布便被稱為「安之瀑布」。

觀賞瀑布的觀景台，必須走約1小時左右的危險山路才能抵達。不過沿途可看到色彩繽紛的花朵與高大的樹木等，讓旅人目不暇給。

以前這座山有叉鬼（獵人）居住，過著以狩獵為主的生活。穿過這座山後映入眼簾的是讓所有人都捨不得眨眼、色彩鮮艷的森林，以及距地面90公尺優雅落下的壯麗瀑布。眼前充滿氣勢的景色，讓人瞬間忘卻旅途的疲勞。

瀑布每到紅葉的季節，都會換上如浮世繪版畫般色彩艷麗的衣裳，讓人想起苦等戀人的那位少女。

📅 最佳造訪季節&周邊資訊

紅葉季節的安之瀑布讓旅人拜倒裙下，初夏時耀眼的新綠也同樣美不勝收。前往瀑布的道路全程都可見高山植物楚楚動人的小花綻放，慰藉旅人的心。請注意冬季（12月～5月）因積雪道路會封閉，無法觀瀑。

ACCESS

公共	角館	秋田內陸縱貫鐵道（約60分）	阿仁マタギ	計程車（約30分）	安之瀑布停車場	步行（約50分）	安之瀑布
船		總距離 約65km（約110分）					

從天狗庭園
欣賞到的
吾妻小富士

{ 🔍 福島 }

超乎想像的美景連天狗都驚豔
色彩繽紛又華麗的景致

從一切經山看到的吾妻小富士火山口

暢遊五彩繽紛的隧道　東北第一的絕景兜風路線

「天狗庭園」流傳著過去曾有天狗看見眼前的景色太過美麗動人，因而高興到跳起來的傳說；而聳立於天狗庭園後方的是吾妻小富士，特徵是巨大的火山口。天狗庭園與吾妻小富士之間有染成鮮紅色的合花楸、換上暗黃色衣裳的岳樺聚集生長在一處狹小之地。

以紅葉名勝聞名的吾妻連峰有一條名為磐梯吾妻Sky Line的道路，可以一邊遠眺轉變為多種色彩的群山，一邊享受兜風的暢快。不過當紅葉進入高峰期預計車流回堵會很長，建議行前需做好調整到訪的時間等準備。

吾妻小富士的形狀呈現勻稱的圓錐形，擁有圓而大的火山口，這些地方都與富士山很相似，所以命名為吾妻富士。上山可利用位於Sky Line途中的「淨土平」停車場，相當便利。這座山海拔1707公尺，但距停車場僅10分的路程就可抵達火山口的稜線，即使沒有特別準備也可以輕鬆地前往火山口一探究竟。

直徑約400公尺、深約70公尺的火山口震撼力十足，大自然的偉大不再只是書本中的知識，而是能夠實際體驗的。

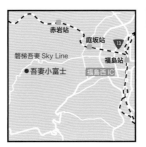

🗓 最適合造訪的季節&周邊資訊

「燕谷」位於距天狗庭園約1公里處，紅葉景色也相當美麗。不動澤溪谷河床下切極深，高度令人兩腿發軟，各種顏色的紅葉重疊交錯，景色最為優美。磐梯吾妻Sky Line上的「不動澤橋」跨越不動澤溪谷，橋長170公尺，為鋼桁梁橋，離谷底有84公尺。

ACCESS

🚗 汽車	福島西IC（東北自動車道）	總距離 約30km（約50分）	天狗庭園

銀泉台的紅葉

{ ❀ 北海道 }

日本最早轉紅的紅葉與
漂浮於腳下的雲海的共同演出

季節、天候、氣溫、時機…
所有條件齊備時才有幸見到
堪稱為奇蹟的絕景

ACCESS

巴士	上川	道北巴士 （約30分）	層雲峽	道北巴士 （約60分）	銀泉台
汽車		總距離 約50km （約80分）			

■ 雲海的白、針葉樹的綠、紅葉的紅形成鮮明的對比。② 日本最早變色的森林，後方的山峰有積雪。

像是要與自己比美般
每天轉變顏色的闊葉樹

　9月中旬北海道短暫的夏天一結束，大雪山赤岳的樹葉開始轉紅，是全日本最早的紅葉。

　赤岳生長著為數眾多的合花楸，一到紅葉季節，一如其地名，整座山都會渲染成大紅色。從位於登山口的銀泉台看去，可見到保留原本綠色的針葉樹林中，紅色和黃色的闊葉樹的越來越明顯。這裡是北海道具代表性的紅葉名勝，許多人為了看一眼大自然換上的美麗衣裳蜂擁而至。

　另外，只要銀泉台的氣溫和天氣等達到一定的氣象條件，也可以看到漂浮於腳下的雲海。雲海僅限於清晨，太陽升上地平線後，陽光逐漸灑落至由紅、黃、綠色構成的大理石花紋的山坡表面，彷彿電影中的某個場景，這是即使砸再多錢也看不到的動人風景。若有機會，不妨造訪這個一生中必去的景點，一定可以看到終生難忘的景色。

1

2

📷 最佳造訪季節&周邊資訊

「大雪森林花園」位於大雪山山腳下的上川町大雪高原旭丘，去年夏季開園，是相當隱密的名勝地。"森之花園"由5個不同的主題園區構成，栽種約500種植物，可盡情觀賞各種當季的花卉。到園內附設的花園咖啡廳小憩片刻也是不錯的選擇。

夕陽中閃閃發光的九十九島 { 長崎 }

猶如幻影般漂浮於春霧中的群島

連船的航行水痕都像是一幅畫，浪漫的島嶼與海洋

位於長崎縣西海國立公園內的九十九島，是由約200座島嶼組成的谷灣海岸群島。

由於這一帶在二戰前是軍港，所以禁止攝影等行為，後來市長認為有必要將當地的地理與歷史流傳給後世，因而主張推動改革，1954年決定把這裡列為國立公園。現在是公認的觀光名勝，獲選為日本百景之一。

九十九島一年四季都可以遠眺浮在藍色大海上的美麗島嶼，瀰漫著春霧的時期會呈現出更加夢幻的景色。因為瀰漫著霧氣，前方的島嶼和遠方的島嶼形成一種強烈的對比，看起來彷彿幻影一般。幻影中所有的存在都籠罩著一種超脫現實的氛圍，就連船在海面上描繪的水痕都與平常不同，別有一番美感。而且，這個季節分布於各處的島嶼上樹木欣欣向榮，色彩繽紛的花朵綻放，也為全藍的畫布增添了不同色彩。

另外，九十九島也很盛行海上獨木舟、風帆等海上活動，情侶約會或全家大小同遊都很不錯。

元島
遊覽船總站大樓

桂島　　九十九島

長南風島

🗓 最佳造訪季節&周邊資訊

周遊九十九島有各式各樣的海上航程可供選擇，如大型遊艇、風帆、遊覽船，可參加自己喜好的遊船之旅。以海賊船為主題的遊覽船，同時也是日本首艘電力驅動船「未來號」預計於2015年啟航，相當令人期待。

ACCESS

		高速巴士 （約90分）	佐世保 巴士中心	步行 （約10分）	九十九島 （佐世保港遊輪總站）
🚌 巴士	長崎				
🚗 汽車		總距離 約80km （經長崎自動車道約90分）			

知念岬與神之島‧久高島

琉球的創世神降臨
連接世外桃源的神之島

由突出於沖繩本島東南端的知念岬
可以用肉眼看到
當地人奉為「神之島」的聖地久高島

1 從空中看到的久高島全景。2 知念岬看到的北側海岸。3 照片遠方的陸地就是久高島。4 沙灘沿岸大型岩石林立。

對神的感謝與敬畏共存，在沖繩也是特殊的聖域

沖繩氣候溫暖，整年都很適合旅行。最適合造訪的季節因旅遊目的而異，若想要盡情接受藍色大海的洗禮，建議還是夏天前往最佳。沖繩的梅雨季比本州早結束，所以6月下旬開始到颱風頻繁侵襲的9月左右為止，都看得見澄澈的藍天與美麗的大海。

沖繩有許多景點，從位於沖繩本島東南端的知念岬可以用肉眼看到被尊為「神之島」的久高島。

久高島位於知念岬外海約5公里處，是海岸線長8公里的小島。據傳這裡是創造琉球的神明——阿摩美久降臨的聖地，至今每年都會舉辦超過20場的祭祀。依據琉球王國所編纂的『琉球國由來記』，久高島是連接位於海上遠方的烏托邦——儀來河內Niraikanai的聖地，人類食物來源的五穀就是從那裏帶來的。對於島上的居民而言，Niraikanai是讓人同時抱持著感謝與敬畏兩種極端心情的存在。

延續著各種信仰的久高島，有些地方會對男性的

行為有規定，或不允許旅行者進入，前往時最好事先蒐集相關資訊。

📅 最佳造訪季節&周邊資訊

「齋場御嶽」（世界文化遺產）位於知念岬公園往北1公里處，是開闢琉球的神阿摩久美開國時興建的七御嶽之一。裡面的「三庫理」是由兩座巨大的鐘乳石打造出的三角形空間，最裡面的部分就是最高等級的祭拜場所。

ACCESS

🚗 汽車	那霸機場	總距離 約30km（約60分）	知念岬

富士山的四季

{ ⛰ 靜岡   🗻 山梨 }

自古以來被視為神聖的存在
日本引以為傲的靈峰

眾所周知的日本象徵「富士山」
但是究竟有多少人知道其多樣性
富士山不只是存在於明信片之中的山

與日本各種景色都很契合，富士山稀有的普遍性

橫跨靜岡縣和山梨縣之間，聳立著日本第一高峰——富士山。以距地面3776公尺的山頂為中心，平整而優美的稜線延伸到地面，令全世界都讚嘆不已，是廣為人知的日本象徵。

關於富士山名稱的起源眾說紛紜。相傳是日本最古老傳說的《竹取物語》一書中記載，因為將輝夜姬寫的信和長生不死藥拿到位於駿河離天最近的山上焚燒一事，而取名為"不死＝富士"之山。自古以來作為靈峰集結了人們信仰的富士山，奉祀著以火神聞名的木花開耶姬，而座落於山麓的富士山本宮淺間大社配合每年7月開山，會舉行莊嚴肅穆的開山祭。該神社的奧宮位於富士山頂，因此富士山8合目以上的地方都是淺間大社的範圍。

參拜富士山的歷史可追溯到很久以前，根據記錄，13世紀就已有大宮‧村山口、吉田口、須山口3條登山步道的存在。

在藝術方面，富士山對於日本文化的影響無法衡量，其優美的風景抓住眾人的心，也成為繪畫與文學等眾多藝術作品的題材。當中最有名的要屬江戶時代浮世繪大師葛飾北齋所畫的『富嶽三十六景』。這件作品描繪從日本各地看到的富士山四季景觀，創造了浮世繪的新類別「名勝畫」，不僅在商業上非常成功，也給予梵谷和德布西等世界知名的藝術家們很大的影響。

畫中描繪的富士山，雖然每一座都是我們熟知的富士山，但光是稍微改變構圖、位置、季節，就給人截然不同的印象。給人的感受會因觀點角度而有變化也是富士山的魅力所在。真實的富士山也是如此，夏季的赤富士、撲上白粉的冬季妝容、與櫻花或紅葉的搭配等，依季節與觀看的位置會展現不同感覺的獨特風貌。

隨著富士山登錄世界遺產，日本人也萌生了新的意識

　　作為「信仰的對象與藝術的泉源」的富士山終於得償宿願，登錄世界遺產。如前所述，富士山自古以來就是信仰的對象，也一直是藝術作品的題材等，是富士山登錄世界遺產的關鍵，但這一路上絕不是平坦順遂的。

　　爭取將日本引以為傲的富士山登錄為世界遺產的運動是在1990年代初期開始盛行。世界遺產有以「具有傑出普遍價值的建築物與遺跡」為對象的"文化遺產"、以「具有傑出普遍價值的地形與生物多樣性、具有景觀美等的地區」為對象的"自然遺產"，以及以「在文化與自然兩方面兼具傑出普遍價值的景觀」為對象的"複合遺產"3種分類。富士山原先是以登錄為"自然遺產"為目標，但在垃圾問題等的環境管理上遇到瓶頸，失去了日本政府舉薦的機會。

　　於是，爭取運動改變方針，以從信仰與藝術等觀點著眼的"文化遺產"申請登錄，終於獲得肯定，讓富士山在2013年列入世界遺產。受到這個結果的影響，造訪富士山的遊客意識產生變化，大家努力要讓富士山成為無損世界遺產之名的地方，所以垃圾問題也正逐漸獲得解決。

📅 最佳造訪季節&周邊資訊

富士山登錄世界遺產後越來越受到矚目，近來穿著輕裝及未經規畫就貿然登山的行為被視為一大問題。臨時起意去登山，若體力不支可能會導致意外受傷及高山症發作的危險，請務必避免此種狀況發生。

ACCESS

🚃 公共	新宿	JR中央線／在大月站轉乘富士急行線 [搭乘特急列車約130分]	河口湖	富士急行巴士 [約60分]	富士山五合目
🚗 汽車		中央高速巴士・富士山五合目線 [約160分]			

不為人知的
本州祕境

白神山地

{ ⛰ 青森 ⤴ 秋田 }

一路走來都未受到人為影響
全球規模最大的日本櫸天然林

「沒有任何人工物」的部分獲得肯定
以「保護自然原始面貌」為目的的
世界稀有自然遺產

1 日本欅的巨樹將厚重的根部垂放下來。2 十二湖之一的青湖。3 山間飄起濃霧。4 豐沛的水資源孕育了森林。

一萬年間未曾改變，不斷重複的生命循環

　　白神山地成為世界遺產已有20年以上的歷史，從青森縣西南部到秋田縣西北部約1萬7000公頃的範圍都登錄進聯合國教科文組織的自然遺產。

　　根據地質調查的結果，這個地區的日本欅木林形成的時間在距今約8000年前。白神山地登錄為世界遺產的理由是「原生的日本欅天然林幾乎沒有受到人為的影響，分布範圍與規模為世界之冠」，但為什麼這8000年來沒有任何人進行開發呢？

　　最大的原因是因為這裡是"日本欅"森林。對人類而言，日本欅的木材除了栽種香菇以外別無他用，因此這片森林才能逃過被採伐的命運。

　　此外，這個地區位處多雪地帶也是另一個可能的原因。白神山地每年11月左右開始降雪，直到5月上旬為止殘雪都尚未融化。冰雪覆蓋長達半年左右的山岳地帶無人居住，也有助於保存這片未經開發的森林。

　　一般認為日本欅的平均壽命為200年。枯朽倒下的樹木成為新生樹木的養分，就這樣白神森林將生命傳承延續度過了1萬年。

📷 最佳造訪季節&周邊資訊

「青池」位於白神山地的西北部，是十二湖之一，陽光照射下呈現鈷藍的湖面相當引人入勝，湖如其名。湖深9公尺，湖面雖然看起來是藍色，但透明度極高，連倒在湖底的樹木與魚兒都能看到。當地有繞行十二湖周邊的健行行程可供遊客參加。

ACCESS

🚃 公共	秋田	JR奧羽本線東能代站 轉乘五能線（約150分）	十二湖站	弘南巴士（約15分）奧十二湖 停車場下車步行約10分	白神山地青池
🚗 汽車		總距離 約110km [約120分]			

八幡平

{ ✳ 岩手　🔲 秋田 }

對人類來說也很舒適
水與樹圍繞的桃源鄉

討伐陸奧蝦夷而來到此地的坂上田村麻呂
相傳曾稱此地為「極樂淨土」
令人屏息的景色與多樣化的生態系

ACCESS

🚌 巴士	盛岡	岩手縣北巴士（八幡平頂上下車） （約110分）	八甲田山
🚗 汽車		總距離 約60km （經東北自動車道約80分）	

■ 雪景中靜靜躺在大地上的熊沼。平靜的湖面呈現極深的顏色。■ 穿著雪鞋前往觀賞樹冰的行程也很受歡迎。

可盡情享受豐富療效的溫泉位於高原中的療癒景點

　　奧羽山脈從青森縣南北延伸至栃木縣，是知名的日本最長山脈。位於其上的八幡平一帶被指定為十和田八幡平國立公園，廣達4萬公頃的腹地幾乎都是國有林。

　　茂盛的森林與分布於四周的無數湖沼可算是八幡平的特色。構成森林的是青森冷杉等原生物種，八幡沼等的湖沼則是約6000年前發生的火山水蒸氣噴發所形成。部分湖沼還有溫泉湧出，以此為目的來訪的人不在少數。

　　另外此地也流傳著關於坂上田村麻呂的傳說，他以征夷大將軍的身分出征，討伐陸奧國的蝦夷人。相傳他在追討山賊餘黨的途中來到八幡平，對眼前壯闊的景色感動不已，稱這塊土地為「極樂淨土」。

　　不論是美麗的風景或新鮮的空氣，還是舒適的溫泉，對於現代人而言，稱這裡是極樂淨土也不為過。

🗓 **最佳造訪季節&周邊資訊**

冬季造訪八幡平一定不能錯過樹冰。青森冷杉凍結，樹冰怪物營造出奇妙而神秘的景色，只有這一帶才看得到。當地有許多在一片銀白世界中健行的雪鞋之旅，不妨參加看看。

淨土濱

{ ✳ 岩手 }

三陸海岸平靜的海灣
讓人聯想到
巨大的日本庭園

受到天然防波堤的保護，平靜安穩的海灣

　　屬於三陸復興國立公園的淨土濱，因5200萬年前火山活動形成的火山岩阻隔了外海，成為平靜的海灣。這裡不會起大浪，是民眾常來的安全海水浴場，也被列入環境省選出的「百大海水浴場」。

　　火山岩可以作為天然的防波堤，其特徵是岩石表面呈現白色。岩石上生長著一叢叢南部赤松等的常綠樹，塑造出有如巨型日本庭園般的景觀。從海灘抬頭望去看到白與綠的鮮明對比，就如風平浪靜的海灣一樣，讓人的心靈感到平靜。

　　當乘船到了外海，眼前是一片在安穩的海灣中難以想像的激烈景象。岩石持續受到太平洋的狂浪侵蝕，像是在訴說環境的嚴酷般變得堅硬且粗糙，而有「劍山」、「賽之河原」、「血池」等粗獷的名字。另外，岩群下方有一個稱為「藍色洞窟」的景點，搭乘小船進入，可見到洞窟中海水閃耀著藍色光芒，是恰如其名充滿神秘感的景致。

📷 最佳造訪季節&周邊資訊

欲前往別名「藍色洞窟」的八戶穴，需搭乘稱為Sappa船的小型平底船。船會直接進入開了一個大洞的岩穴，閃耀的海面會因天候而呈現祖母綠或鈷藍色，可近距離觀賞體驗。

ACCESS

巴士	盛岡	高速巴士·106急行〔約130分〕	宮古	岩手縣北巴士〔約20分〕	淨土浜
汽車		總距離 約100km〔約150分〕			

龍泉洞

{ ✹ 岩手 }

**充滿澄澈見底的藍色湖水
擁有7個地底湖的鐘乳洞**

世界少見的高透明度天然水所打造出的神祕地底世界

　　岩手縣的龍泉洞名列日本三大鐘乳洞之一，洞窟內目前已知範圍的總長度超過3600公尺，其中有7座地底湖。

　　龍泉洞的水擁有世界少見的高透明度，從上往下看，水面下的景色清楚可見，給人一種水不存在的錯覺。開放參觀的湖泊中最深的是水深達98公尺的第3地底湖，透明度有41.5公尺，算一算光憑肉眼就能看穿地底湖約一半的深度。

　　這座地底湖的水，是潛伏於地下深處的水經過品質良好的土壤過濾後湧出的地下水，因此含有豐富的礦物質，獲選為100大名水，使用這裡的水製作的蘇打水與特產啤酒等飲料也有在市面銷售。

　　此外，龍泉洞也以日本首屈一指的蝙蝠棲息地聞名，這裡有馬鐵菊頭蝠、天狗蝙蝠等共5種蝙蝠共存，以「岩泉湧窟與蝙蝠」的名義列為日本國家天然紀念物。

7
● 龍泉洞
175
岩泉中
455
岩泉站

🏛 **最佳造訪季節&周邊資訊**

龍泉洞入口的對面有一座「龍泉新洞科學館」，館內展示了1967年發現鐘乳洞時出土的土器與石器等珍貴的標本，是自然洞窟的科學館。龍泉洞也曾發現古代人居住的痕跡，館內使用人像重現了當時生活的面貌。

ACCESS

🚌 巴士	盛岡	早坂高原線JR巴士 （約130分）	龍泉洞
🚗 汽車		總距離 約85km （約120分）	

月山彌陀原濕原 〔▲▲▲ 山形〕

有枯萎才能持續成長呈現寒冷氣候的特殊性

新生命紮根於枯萎的植物之上，建構了永續生長的自然型態

月山為出羽三山的主峰，吸引了眾多攝影家與登山愛好者來到此地。這裡有遼闊的月山彌陀原濕原，擁有高地獨有的特殊構造。

月山彌陀原濕原有萱草、觀音蓮等超過130種以上楚楚動人的花朵綻放，也以日本數一數二的高山寶庫聞名。之所以被說是特殊的環境，完全是因為這裡的土壤。

植物群到了秋天會變黃枯萎，但海拔高的月山因為氣候寒冷，枯萎的草木不會腐敗。春天來臨時新的植物萌芽，鑽過枯萎草木的間隙生長，如此年復一年堆積的植物逐漸轉變為"泥炭"，成為後來誕生的新生命的基座。

泥炭的排水性不佳，因此一旦殘雪與雨水滲入凹陷的部分就會形成水窪，水窪四周受到強風豪雨侵蝕後變成了"池塘"，就是這些大小不一的各種池塘讓月山彌陀原濕原成為更具特色的景觀。池塘底部鋪滿了泥炭，深山螢蘭叢生，形成了另一個新的生態系。

📷 最佳造訪季節&周邊資訊

從彌陀原濕原往上走約2小時30分，就可以抵達海拔1894公尺的月山山頂。以前因為強風而無法興建神社，只堆砌石牆建造了祠堂稱為「御室」。現在成為月山神社本宮，供奉支配夜晚的神「月讀命」（參拜需奉獻香油錢）。

ACCESS

🚌 巴士	鶴岡	庄內交通巴士 月山八合目下車 （約120分）	月山彌陀原濕原
🚗 汽車		總距離 約40km （約90分）	

碓冰
第三橋梁
{ 🏵 群馬 }

以200萬個紅磚建造
日本最大的紅磚拱橋

支撐著搭載了眾多乘客的列車通行長達70年的鐵道橋

紅磚拱橋的外觀讓人感受到其悠久的歷史。跨越山谷連接山與山之間的鐵道橋，散發出一種強烈的使命感。

碓冰第三橋梁位於群馬縣安中市，是在120年以前建造的。當時計畫建設連接高崎站與直江津站的鐵路，但其中只有橫川站——輕井澤站未通車，因而開始進行鐵道橋的建設工程。

負責設計的是英國技師查爾斯·帕伍那沃，他受聘到日本擔任鐵道作業局技術長。碓冰第三橋梁的歐風外觀，一般認為是受到他的影響。

完工的橋梁全長91公尺，距離河床高31公尺，是日本國內規模最大的橋樑，用於建造的紅磚竟多達200萬個。現在以磚造橋來說規模還是日本之冠，1993年被列為重要文化財。

通過碓冰第三橋梁的鐵路1963年因新路線完工而廢止，現在經過整修後遊客可以在橋上散步，因為過去是採用齒軌式鐵路，所以將這條路命名為「齒軌之路」。

碓冰第三橋梁　　ヴィレッジ
　　　　　　　　　東軽井沢
　　　　　　　　　ゴルフクラブ
　　碓冰湖
　　　　　　　　　　　224
　　　　　　　　18
　　　　　　　　　　横川站
　　　　　　　　92

🏛 最佳造訪季節&周邊資訊

碓冰第三橋梁是紅磚建築，一般稱為「眼鏡橋」。若想要前來參觀，可選擇與宜人的新綠對比美麗的春季，或與紅葉的一體感具有震撼力的秋季，兩個季節都很推薦。其他還有「舊丸山變電所」、「鐵道文化村」等可以接觸鐵路的歷史。

ACCESS

🚃 公共	高崎	JR信越本線（約30分）	橫川	JR巴士關東·めがね橋 下車（約15分）		碓冰第三橋梁
🚗 汽車		總距離 約35km（約60分）				

白馬大雪溪

{ 🚉 長野 }

即使夏季冰雪也不融解
永無止盡的萬年雪之路

對於日本規模最大的雪溪的氣勢
來訪的所有人皆感到感動與欽佩
並臣服於自然的偉大

地圖：小蓮華山、白馬岳、栂池索道、白馬大雪溪、小日向山、不歸嶮、唐松岳、白馬站

❶ 腳下的白雪、眼前茂盛的綠樹、頭頂上的藍天形成美麗的對比。❷ 雪融水奔流於山谷間殘存的萬年雪下方。

夏天也是透心涼
風光明媚的天然冰箱

　　海拔較高的高山即使到了夏天，部分山地的積雪也不會融化。終年不化的積雪稱為「萬年雪」，是展現這座山獨特性的要素之一。

　　與北阿爾卑斯山的後立山連峰並列的白馬岳與杓子岳中間，有一條覆蓋著萬年雪的白馬大雪溪。所謂雪溪，指的是海拔高的山谷或沼澤的殘雪，形成一條冰雪覆蓋的溪谷。白馬大雪溪是日本三大溪谷之一，全長3500公尺，海拔高度差為600公尺，號稱是日本國內規模最大的雪溪。

　　白馬大雪溪不只是能夠觀賞，也可以在上面行走。說到雪很多人覺得應該是軟綿綿的，但萬年雪因強力壓縮後硬化，踩上去就像是踏在冰上，因此前往健行時需要準備冰爪、雪杖等一定程度的正式登山裝備。想要盡情觀賞體驗雪溪的人記得做好充足的準備。

最佳造訪季節&周邊資訊

攀登白馬岳的基本路線為登山口處的"猿倉莊～白馬尻～白馬大雪溪"，這個範圍屬於健行路線。"白馬尻～白馬大雪溪～白馬岳"則屬於登山路線，登上白馬岳前途中需在山莊住一晚。到白馬大雪溪的健行路線來回約3小時。

小笠原群島

{ ☀ 東京 }

與大陸隔絕的
東方加拉巴哥群島

位於本州南方約1000公里處的島嶼
不受任何人為干擾、活躍的眾多生命
以各方面來說都是離東京最遙遠的東京

1 ___ 由綠到藍的漸層。2 ___ 從母島的乳房山所看到的東崎。3 ___ 聳立於姊島的兩根岩柱。4 ___ 令人印象深刻的晚霞為旅行增添色彩。

雖然身在日本卻又感覺不像在日本，震撼力十足的大自然

由東京的竹芝碼頭搭船需時25小時30分。雖然小笠原諸島同樣隸屬於東京都，但是等待著遊人到來的卻是與都心截然不同的"另一個東京"。

劃分在東京都特別區的小笠原群島，是由30座以上大小島嶼組成的太平洋島群，以距離來說離東京約1000公里。由於與大陸完全隔絕，所以島上的生物都有其獨自的演化過程，因而有「東方的加拉巴哥群島」的別名。

在此地可以見到的小笠原狐蝠、小笠原鵟等動物，以及無人野杜鵑、小笠原露兜樹等植物，都是只棲息在小笠原群島的原生物種。其他比較著名的就是12月到4月間可以見到座頭鯨群。

如此珍貴的生態系獲得極高的評價，小笠原群島在2011年登錄世界自然遺產。不過目前實際的狀況是，人類帶到島上的生物與環境開發等問題已導致珍貴的特有種瀕臨滅絕的危機。當地除了船沒有其

他的交通工具，有居民要求建設機場，但也有人擔心造成環境破壞而持反對意見。就旅行者的角度來說，有飛機固然方便，但應該也有些感動是必須花時間前往才能獲得的。

📅 **最佳造訪季節&周邊資訊**

若有機會一訪小笠原群島，一定要近距離觀賞一下鯨魚與海豚。旅遊行程中，春天是看座頭鯨，夏天是抹香鯨，海豚則是一整年都有機會看見。運氣好的話或許可以穿著蛙鞋跟海豚一起游泳？玩樂時記得遵守在大自然中應有的規範。

```
         父島

    小笠原群島

         母島
```

ACCESS

🚢 船	濱松町	步行（約7分）	東京港竹芝客船總站	小笠原海運‧小笠原丸（約25小時30分）	小笠原群島父島

立山/稱名瀑布
{ ⛺ 富山 }

從裸露的岩壁奔流而下
日本落差最大的豪壯瀑布

撼動蓊鬱立山連峰的巨響配上充滿震撼力的激流

　　發出巨響的稱名瀑布位於立山連峰的深山中，從頂端到地面的落差高達350公尺，坐上日本第一的寶座當之無愧。

　　雪融及梅雨季等水量增加的時期，稱名瀑布旁會出現高低差500公尺的「榛木瀑布」，水量更多時會出現「素麵瀑布」，可以見到3條瀑布並列的景色。3條瀑布從裸露的岩壁傾瀉而下的景象只有莊嚴一詞能夠形容，這極為出色的風景任誰都會認同其日本第一的地位。

　　「稱名」這個名稱據說是淨土宗的開山祖師法然上人登上立山時，把瀑布聲聽成唱誦「南無阿彌陀佛，南無阿彌陀佛」的稱名念佛聲，因而得名。這個故事正好可以說明稱名瀑布具有的神聖性。

　　瀑布附近從5月左右開始可見到在綠樹間盛開的紫八汐杜鵑、假繡球等動人的花朵。10月下旬樹葉開始轉紅，可觀賞點綴著紅色、黃色的山壁籠罩在細小水花中的朦朧景色。

　　眺望瀑布的觀景點離停車場很近，只要15分鐘的路程，無論男女老幼都可以輕鬆前往參觀。

🏛 最佳造訪季節&周邊資訊

位於前往稱名瀑布途中的「惡城之壁」，是寬約2公里、高約500公尺的一整塊岩石，號稱日本第一的斷崖絕壁。據說其地名意思是宛如要塞般人們不會靠近的恐怖斷崖。10月下旬～11月是紅葉最美的季節。

ACCESS

🚌 巴士	立山	立山黑部貫光・稱名瀑布探勝巴士（約20分）	稱名瀑布	步行（約30分）	稱名瀑布
🚗 汽車	立山IC（北陸自動車道）	總距離 約30km（約50分）	稱名平園地		

越前海岸

{ ⓦ 福井 }

由柱狀節理建構而成
有如水泥磚堆砌成的岩岸

日本數一數二的奇岩林立，猶如來到另一個世界般奇妙的海岸

　　福井縣越前町以越前燒的故鄉聞名，這裡有獨特的島嶼與奇岩林立的「越前加賀海岸國定公園」。

　　距離越前海岸的鷹巢海水浴場約5公里路程的「鉾島」，為越前加賀海岸國定公園中具代表性的景觀之一，像是把角柱狀的水泥磚排列堆疊在一起般，外觀相當可愛。

　　這個別具特色的岩岸是由所謂"柱狀節理"的龜裂形成的景觀。柱狀節理就是熔岩冷卻凝固時，隨著體積縮小而產生形狀規則的裂縫，依據岩質會形成六角形或五角形等不同形狀。鉾島名稱的由來，是因為岩岸呈現像是排著很多鉾（類似戟的武器）的形狀，這是在海中冷卻的熔岩因柱狀節理作用形成斜向龜裂的結果。

　　越前海岸除了鉾島，還有也是由柱狀節理構成的名勝「東尋坊」，高約25公尺的絕壁綿延約1公里。以柱狀節理的地形來說，規模為世界前三大。來到這裡像是不小心闖入另一個世界一般，可以看到奇妙的風景。

🏛 最佳造訪季節&周邊資訊

從越前岬開車往南約15分可看到「越前螃蟹博物館」，館內展示著福井縣名產"越前蟹"的生態與漁村的歷史。挑高三層樓呈現越前蟹棲息的300公尺海底的立體模型以及互動水槽，都可以實際把越前海岸的生物放在手上觀察。

ACCESS

🚆 公共	福井	JR北陸本線（約20分）	武生	福井鐵道巴士（60分）		越前海岸
🚗 汽車		總距離 約35km（約60分）				

熊野灘楯崎 { ✈ 三重 }
遺留於諸神的戰場的半圓形巨盾

古代傳說增添色彩 風光明媚的熊野開運景點

熊野灘為谷灣海岸，其特有的大小各式各樣的岩礁林立。其中有一塊特別醒目的巨大岩塊，突出於仁木島灣，稱為「楯崎」。

這個名稱來自於其具有特色的形狀，高80公尺、四周長550公尺的巨大半圓形就像是保護肉身不受攻擊的盾，因而得名。

活躍於平安時代的詩人增基法師在紀行文『いほぬし』中留下了以下文字。

「神のたたかひたる処とて、楯をついたるやうなる巌どもあり」

這是他造訪熊野灘時的描述，"楯をついたるやうなる巌"一句，指的應該就是「楯崎」。如果真是如此，讓人在意的是前面的部分"神のたたかひたる処とて"，這句的意思是在這裡過去曾發生過神之間的戰爭。

熊野灘留有像是符合這段描述的傳說。根據『日本書紀』的記載，熊野灘被認為是神武東征時神武天皇登陸的地方。也就是說，突起於海岸的巨大盾牌是神武天皇的所有物。熊野灘不只有風光明媚的景色，也充滿了歷史的魅力。

📖 最佳造訪季節&周邊資訊

由國道311號線旁的停車場起，設有健行步道。路線為阿古師神社～二木島燈塔～千疊敷～楯崎，全長約2公里。每一個地點都與日本書紀等流傳悠久的日本神話有關，前往探訪想像一下也不錯。

ACCESS

	二木島		楯崎
🚃 電車		從JR紀勢本線二木島站步行 （約70分）	
🚗 汽車		總距離 約5km （約20分）	

海金剛

📍 和歌山

**無視於洶湧襲來的海浪
貫徹己念般屹立不搖**

在海岸邊的岩礁看見不屈不撓的精神與堅持到底的意義

　　尖銳的稜角朝天呈金字塔型的岩礁，不屈服於席捲而來的浪濤與吹來的暴風，始終挺立於岸邊的姿態，讓人想起睜大眼睛瞪著敵人的仁王像。

　　海金剛這個名稱，取自位於朝鮮半島的「金剛山」。「金剛」這個詞語原先是來自於佛教用語的「金剛杵」，金剛杵是佛教重要的法器，在神話故事中被描述為退敵的武器。這似乎也隱含著佛教的訓示──以堅定的信念面對接踵而來的煩惱。

　　再回過頭來仔細瞧瞧這個以佛教法器命名的岩礁，它就有如與接踵而來的煩惱對抗的人們，直接面對不斷襲來的浪濤，堅持自己的信念從不退縮，「海金剛」這個名稱可說是名符其實。

　　數十年、數百年以來一直在這裡受驚滔駭浪侵擾的海金剛，對於容易只因一點小事就陷入煩惱的現代人來說，應該可以產生鼓舞的作用。

紀伊姬站
熊野灘
40 紀伊大島　海金剛
41 通夜島

📷 最佳造訪季節&周邊資訊

全家或情侶出遊可以順道前往「樫野釣公園中心」。這裡雖說是釣魚池，卻是利用大海的部分區域建造而成，面積廣達800坪。依季節可釣到鯛魚、竹筴魚、三線磯鱸等魚類。公園內的餐廳可以享用黑潮所孕育的新鮮海產。

ACCESS

🚌 巴士	串本	熊野交通巴士 （約30分）	樫野	步行 （約15分）	海金剛
🚗 汽車		總距離 約10km （約20分）			

橋杭岩

{ 📍 和歌山 }

弘法大師未能完成
僅留下橋墩的橋

海浪侵蝕？還是人為建造？
眾多謎團與傳說增添色彩
形成奇妙排列的奇岩群

ACCESS

🚃 電車	串本	從JR紀勢本線串本站步行 （約20分）	橋杭岩
🚗 汽車		總距離 約2km （約5分）	

1 全黑的橋墩輪廓在染成橘色的天空前顯得更鮮明。2 退潮時可以走近到岩石前面。

讓人不禁信以為真
充滿幽默感的造橋傳說

　　在位於紀伊半島最南端的和歌山縣串本町，有著稱為橋杭岩、排成一列的神秘奇岩群。

　　橋杭岩是距今1500萬年前火成活動產生的流紋岩竄入泥岩層之間，柔軟的泥岩部分先被侵蝕後形成的景觀。

　　但另一方面又有傳聞說橋杭岩是由弘法大師空海打造的景觀。根據當地流傳的說法，以前空海曾和天邪鬼比賽造橋到近海的島嶼。天邪鬼看見空海運用高超的法力陸續建起橋墩，心想再這樣下去自己會輸掉比賽，於是突然模仿起雞鳴。聽到雞鳴的空海誤以為已經是早上，便停止造橋打道回府，就這樣只有橋墩部分被遺留下來，成為今日的橋杭岩。從古至今無論東西方，不可思議的景色似乎總是圍繞著不可思議的傳說。

📅 最佳造訪季節&周邊資訊

「串本海中公園」從橋杭岩開車不到20分就可以抵達，是日本最早的海中公園。海中觀景台可以一窺水深6.3公尺有珊瑚棲息的大海，重現串本大海的大水槽與有海龜公園的水族館會舉辦餵食脫口秀與觸摸小海龜等的體驗活動。

ACCESS

公共	白濱	JR紀伊本線 （約20分）	紀伊田邊	龍神巴士 （約120分）	熊野本宮大社
汽車		總距離 約60km （約90分）			

■ 生長得蒼翠茂盛的草木遮蔽了陽光。2 起霧時青岸渡寺三重塔與那智瀑布展現夢幻之美。

（地圖標示：奈良縣、三重縣、吉野山、高野山、B、F、A、和歌山縣、E、熊野本宮大社、C、熊野速玉大社、熊野那智大社、D）

熊野古道

〜 ✈三重 ● 奈良 〜
● 和歌山 ✿大阪

刻畫在悠久的熊野山中
通往淨土的信仰之道

從修驗道的修行地
到被視為人世間的淨土
現今則是名列世界遺產的莊嚴聖域

踏著歷史悠久的石板
遙想自古以來的風景

　　熊野的歷史相當久遠，熊野一詞最早可追溯到『日本書紀』。過去這裡是自然崇拜的聖地，各時代的當權者們為了受到這股強大的力量庇佑紛紛造訪熊野。

　　熊野有熊野本宮大社、熊野速玉大社、熊野那智大社當3間神社，這3間神社是日本全國3000間熊野神社的總本社，總稱為「熊野三山」。通往熊野三山的參道，就是以「紀伊山地靈場與參道」名義登錄為世界遺產的熊野古道。

　　因為紀伊半島是多雨地帶，所以熊野古道上鋪設了排水性佳、可避免泥濘的石板，這些石板至今都還維持在不錯的狀態，說明了當時技術的高超。

　　熊野最初是山岳信仰的聖地，集結了眾多修驗道信徒，進入平安時代後被視為人間淨土，在江戶時代則成為與伊勢齊名的庶民景仰之地，吸引許多人前往參拜。

🏛 **最佳造訪季節&周邊資訊**

熊野古道指的是地圖上的A.紀伊路（渡邊津〜田邊）、B.小邊路（高野山〜熊野三山）、C.中邊路（田邊〜熊野三山）、D.大邊路（田邊〜串本〜熊野三山）、E.伊勢路（伊勢神宮〜熊野三山）的5條道路。另外，F.大峯奧驅道是連接吉野〜熊野，橫跨大峯山最危險的修行道。

竹田城遺址

{ 🚻 兵庫 }

在地面升起的雲霧繚繞下幽靜的天空山城

因建於山頂，與人間隔絕的城郭隱身於雲中的姿態
又稱為「日本的馬丘比丘」

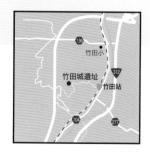

ACCESS

					竹
🚃 公共	姬 路	JR播但線寺前站轉車（約90分）	竹田	天空巴士（約20分）	田 城 遺
🚗 汽車		總距離 約60km（經播但連絡收費道路約90分）			址

■ 彷彿浮在空中般不可思議的景色。**■** 從遺留下來的眾多石牆可以想像竹田城的規模。

追思不復存在的絕景
堅固石牆的城郭遺址

　　竹田城四周雲海圍繞，從雲海上方可以一睹其風采。因其有如飄浮在空中般的姿態又有「天空之城」、「日本的馬丘比丘」等的別名。

　　竹田城建於海拔353.7公尺的虎臥山山頂，雖然虎臥山不高，不過藉由流經山麓處的圓山川昇起的雲霧，營造出如夢似幻的景色。

　　關於築城有諸多疑問，當時也沒有留下詳細的資料。但是依據江戶末期完成的『和田上道氏日記』等書的記載，竹田城至少在1440年左右已經完工。另一方面，廢城的時間點則相當明確，根據記載，關原之戰時城主赤松廣秀所屬的西軍戰敗，因德川幕府的方針而被迫廢城。現在看得到的只有竹田城的遺跡，雖然地形險峻，但仍以石牆將城的四周全部圍起的石砌城郭，令人嘆為觀止。

1

最佳造訪季節&周邊資訊

可以見到雲海的時期是9月～2月的黎明到上午8點左右。11月下旬～12月上旬較易看到濃密而美麗的雲海，是最佳時期。雲海在以下的條件下較易產生：濕度高而有輻射冷卻現象、天氣好的晴天、與白天的溫差大、風較弱。

2

大台原山

{ 🇯🇵 奈良 ✈ 三重 }

因颱風災害而加速
景色為之一變的森林退化

只要其中之一遭到破壞，全部都跟著毀滅，大自然的脆弱可見一斑

影響自然環境的不光只是人類和人類發展出來的技術。就如過去至少經歷過4次讓地球環境驟變的冰河期一樣，有時嚴酷的大自然也會讓環境產生激烈的變化。

大台原山位於奈良縣與三重縣交界處，被說是與屋久島齊名的多雨地帶，坐擁蒼翠綠意。然而1959年侵襲近畿地方的伊勢灣颱風，使得當地景色丕變。

伊勢灣颱風造成死者4697人，傷者38921人，帶來史上最大規模的災害，就連遠離村落的深山也受到極大的影響。擁有整片蒼鬱林木的大台原山正木原與牛石原，因強風森林遭到毀滅，廣闊的森林已不見蹤影。

過去曾是森林覆蓋的地表一旦裸露，陽光照射量增加，因大量降雨所孕育出的苔蘚類開始減少，取而代之的是矮竹開始大量生長。矮竹生長茂密，導致以矮竹為主食的梅花鹿也跟著增加。由於鹿群也

會啃食樹苗，現在大台原山已經變成樹木無法生長的環境。

📷 最佳造訪季節&周邊資訊

吉野熊野國立公園內的「大台原遊客中心」有以「理解」、「思考」、「互動」為主題的展覽，可以學習關於大台原的自然與歷史、文化。此外，每年11月下旬～4月下旬的冬季期間不對外開放。

ACCESS

🚌 巴士	大和上市	奈良交通巴士（約100分）	大台原山
🚗 汽車	郡山IC（西名阪自動車道）	總距離 約90km（約120分）	

蒜山/鬼女台

{ 🕐 岡山 }

可以環視360度景色的絕佳景點

即使早起忍受寒冷氣溫也要一見的浪漫朝霞

　蒜山每年有多達250萬名觀光客前來探訪，是岡山數一數二的著名山間度假勝地。大山則是因為山形優美而以「伯耆富士」的暱稱為眾人所熟知。2座山之間建有蒜山大山Sky Line，可以觀賞壯闊的景色一邊兜風。

　這裡每到初夏與紅葉季節都會湧現長長車潮，是相當受歡迎的騎車路線，途中觀景台的景色也不可錯過。

　位於海拔900公尺高的鬼女台，是風光明媚的蒜山大山Sky Line上最獲好評的觀景地點。西北有大山與烏山的陡峭山壁，東南可見蒜山高原平緩的稜線，腳下則是蒜山的街景，可以360度環視沒有任何遮蔽物的壯觀全景。

　最推薦的是冷暖差異增大的秋季黎明景色，這個時期可以看到從東邊緩緩昇起的旭日與被染紅的市區帶來的美麗演出。此外，依氣象條件有時也能夠見到雲海，以及與雲霧飄渺的腳下世界形成的迷人景觀。

📷 最佳造訪季節&周邊資訊

蒜山高原的度假村，4月下旬～11月上旬是露營場，12月下旬～3月上旬則是滑雪場，是可以盡情享受大自然與戶外活動的地方。這裡有天然溫泉設施，可以悠閒遠眺蒜山群山與牧場風景泡湯，也提供純泡湯的服務。

ACCESS

🚃 公共	米子	JR伯備線 （約40分）	江尾	計程車總距離約20km （約40分）	鬼女台
🚗 汽車		總距離 約60km （經米子自動車道約60分）			

鳥取砂丘

{ **6** 鳥取 }

**日本海吹來的風描繪出
沙上的巨大幾何學圖案**

歷經漫長歲月所打造出的遼闊玩沙場

　　鳥取砂丘橫亙於鳥取縣鳥取市的日本海海岸，南北長2.4公里，東西16公里，這片巨大的沙地有著足以令人忘卻身在日本的震撼力。

　　說到砂丘，一般人會有負面印象，認為這是砍伐樹木等造成環境破壞的結果。不過鳥取砂丘與上述情況不同，是經過另一種過程形成的。

　　根據地形學的研究結果，發現這裡的砂是由中國山地的花崗岩風化生成。這些砂隨著千代川流入日本海，然後被海流帶到海岸邊，堆積在海岸線上，透過吹往內陸的盛行風聚集於此。據說鳥取砂丘經過了長達10萬年的歲月才變成現在的樣貌，真是一個非常令人難以想像其過程的故事。

　　鳥取砂丘的最大落差為90公尺，四處分布著深達40公尺的缽狀窪地。無人走過的地方可以看見一重重長條狀的紋路，這是風塑造出來的圖形，稱為「風紋」，形成砂丘特有的美麗幾何學圖案。

鳥取砂丘

319

9

9

湖山站

52

鳥取站

🏛 最佳造訪季節&周邊資訊

鳥取砂丘旁的「砂之美術館」，展示著以"砂"為材料創作的雕刻作品。展示物以「用沙子環遊世界」作為基本概念，至今已用砂像呈現了東南亞、英國、非洲、義大利等地的歷史與文化，目前展出的是俄國篇。

ACCESS

🚌 巴士	鳥取	日之丸巴士 （約30分）		鳥取砂丘
🚗 汽車		總距離 約10km （約20分）		

四國絕景

神通瀑布

{ 📷 德島 }

**濃纖合度
極簡的造型美**

冬天全面凍結，瀑布化身成冰雕

　　從長滿青苔的岩石上方，化成一道水流傾瀉而下的神通瀑布，沒有特殊的裝飾和效果，但卻讓人重新體會到水流順著重力落下的單純美感。

　　神通瀑布懸掛在流經德島縣神山町的神通谷川上游，因其不做作的自然美，在瀑布迷中擁有高人氣，是相當知名的瀑布。極致的簡約美，無論看多久都不會膩，伴隨著清新的空氣，讓人忘卻時光的流逝。

　　或許有人認為越單純的瀑布，規模應該越小，但神通瀑布到地面的落差有30公尺，絕非小巧的瀑布。因為水流沒有分散落下，在氣勢方面反而不輸其他著名的瀑布。

　　神通瀑布本身就很美，所以初夏或秋季不論哪個季節來都會能見到其不變的美麗風貌，只有冬季瀑布景觀會有很大的改變。神通瀑布到冬天竟然會凍結。此時的瀑布，從落水口到水潭間水流全都凍結，

有如巨大的冰柱雕刻般靜止在原地。這樣的景象就像是時間停止，讓人見識到大自然的不可思議。

193

神通谷川

253

神通瀑布

📷 最佳造訪季節 & 周邊資訊

從神通瀑布開車約30分左右可到德島縣那賀町的隱密溫泉「四季美谷溫泉」。這個溫泉是歷史悠久的阿波名湯，泡湯後肌膚會變得光滑，是深獲好評的美人湯。這裡有舉辦以此地為起點的自然觀光登山之旅，有興趣的人不妨一試。

ACCESS

🚗 汽車	德島	總距離約50km（約90分）	神通瀑布

小步危
{ 德島 }

日本最湍急的河流雕塑出大自然的豪壯雕刻群

細緻與豪邁兩種相反特質並存的優美溪谷

　　吉野川橫跨四國的四個縣,為四國最長的河川,上游有名稱獨特的「大步危‧小步危」溪谷。

　　這個溪谷散布著許多奇岩,令人聯想到被河流侵蝕的大理石雕刻,形成充滿野性美的景觀。獨特名稱的由來眾說紛紜,一般認為是取「腳下石頭間隔窄跨大步很危險的大步危,以及腳下石頭間隔寬跨小步走很危險的小步危」之意而來。

　　吉野川被評為「日本最後的清流」,以水質純淨清澈著稱。另一方面,與利根川、筑後川並列為「日本三大急流」之事卻鮮有人知。位於其上游的大步危、小步危也不例外,皆擁有水流非常湍急的特點。尤其是小步危,有人說是日本最湍急的河流,這裡有運用這項特點的泛舟等各種水上活動。

　　迴盪巨響的溪谷展現了豪邁的一面,同時也能見到與之相對的初夏新綠、秋季紅葉、冬季白雪等因季節而異的細緻風景。

阿波川口站
井戶口山
白川發電所
小步危
小步危站

最佳造訪季節&周邊資訊

　　"道の駅大步危"從土讚線大步危站步行約20分左右可抵達,裡面有名為「妖怪鬼屋與石頭博物館」的獨特設施。山城町有150個地方都留存了與妖怪有關的傳說與遺跡,還可以體驗參加當地人打造的妖怪鬼屋、猜謎遊戲、連環畫劇等。

ACCESS

電車	德島	JR德島線 (約120分)	阿波池田	JR土讚線 (約30分)	小步危
汽車		總距離約100km (約100分)			

男木島

{ 🏯 香川 }

浮在瀬戸內海上的現代藝術與貓之島

獨特的小鎮景觀加上藝術的力量，現今眾所矚目的絕美景點

男木島是瀨戶內海上總面積僅1.37平方公里的小島，與旁邊的女木島配對成為雌雄島。

男木島本身很小，加上大部分是山地，平地極少，因此民宅集中於山坡地上。細窄的道路像是貼在縫隙處般交錯，形成一種獨特的景觀。島上棲息著許多流浪貓，在路上遇到也不稀奇。過去島上以從事漁業的人為中心繁盛一時，但到2011年人口只剩195人，人口外流，當地人口減少的情況每況愈下。

島上的觀光景點有著名的男木島燈塔，燈塔建於1895年，是使用日本稀有的御影石建造而成。 此外，因應2010年舉辦的第1屆瀨戶內海國際藝術祭，島上有數個地方設置了由日本國內外藝術家創作的現代藝術作品。

以瀨戶內海上的直島、豐島、小豆島、大島、犬島、女木島、男木島為舞台的藝術祭，舉辦期間人口未滿200人的男木島竟湧入了9萬6503人的觀光客。

這個藝術祭每3年舉辦1次，成為男木島深受矚目的新興觀光資源。

📅 最佳造訪季節&周邊資訊

以電視等媒體大幅報導的 "貓島" 而知名的男木島，現在據說有許多人為了看生活在港口、民宅前、路旁的貓而來訪。另外，「男木島燈塔」位於島上最北端，是全御影石建造，也是日本2座表面未上塗料的燈塔其中之一。

ACCESS

🚢 船	高松	渡輪／雌雄島海運（約40分）	男木島

高千穗峽／真名井瀑布

{ 宮崎 }

清新悅耳的水聲
迴盪在寂靜的峽谷中

神賜予的水源營造出令人讚嘆之美

距今約12萬年前與約9萬年前，這個地區曾發生2次大規模的火山活動，噴發出改變地形的大量火山碎屑流。

堆積在五瀨川峽谷邊的火山碎屑流，因為空氣與水而冷卻凝結，後來經過河流好幾萬年的侵蝕，形成了現在被列為國家名勝、天然紀念物的「高千穗峽」。

高千穗峽是最高達100公尺的斷崖綿延約7公里形成的峽谷，充滿了高濃度負離子的這個療癒景點，吸引許多日本國內外的觀光客前來。這個溪谷可以租船遊覽，近距離觀賞感受裸露的岩壁與生長其上的植物的生命力。

其中最值得一看的景點是從天而降、落差17公尺的「真名井瀑布」。瀑布流傳著一段神話，以前這塊土地缺乏水源，於是名為天村雲命的神明將水種移到此地，從水種湧出的水奔流而下成為瀑布。這道瀑布的水流雖然平穩，卻充滿強烈的生命力。瀑布在夏季晚間會打光，除了更能感受其神秘的氣氛，還可以在這裡享用以純淨的水製作的流水素麵。

📷 最佳造訪季節＆周邊資訊

高千穗附近有許多與神話或傳說有關的景點，如奉祀天照大神藏身的天岩戶的「天岩戶神社」與據傳當時諸神聚集討論的地方「天安河原」等。可以請觀光協會協助安排希望路線的同行導遊（計時收費制）。

ACCESS

		宮崎交通巴士〔約90分〕	高千穗巴士中心	步行〔約30分〕	高千穗峽
巴士	延岡				
汽車		總距離 約60km〔約70分〕			

草千里

{ 📷 熊本 }

**過去曾為火山口
現在變身為恬靜的草原**

可以盡情享受新鮮空氣與恬靜景色，最適合野餐的大草原

萬里無雲的藍天、欣欣向榮的草原、在水邊乘涼的牛群，現在眼前是一片淳樸景色的草千里，過去卻曾是火山口。

草千里位在熊本縣阿蘇市的草千里濱，是阿蘇具代表性的風景之一，相當受到當地人的喜愛。這個草原分布在烏帽子岳與杵島岳間，直徑約1公里，被認為是二重火山口的遺跡，草千里四周圍繞著一圈較低的火口壁就是最好的證據。

這裡的草原上放牧著牛與馬，牠們安靜地吃草的模樣讓眼前的景色更顯得安詳和平。草千里在4月到11月之間可以體驗騎馬，也很推薦騎著馬在草原上散步。天氣好的假日可見到在草原上一家人或情侶在享用便當。

草千里中有一個水池，但這個水池不是一直存在，枯水期時會消失，雨量多時範圍會擴大。此外，水池冬季會鋪上一層冰，變成一個天然的溜冰場。溜冰的人以當地人為主，人們的笑聲迴盪在寬廣的天空中。

往生岳
杵島岳
阿蘇山
草千里
阿蘇山纜車
烏帽子岳
仙醉峽站
火口東口

🏛 最佳造訪季節&周邊資訊

「阿蘇火山博物館」展示了眾多關於阿蘇的大自然與火山的資料，可以增進這方面的知識。不妨觀看一下說明阿蘇山歷史的活動模型與超大螢幕影像，理解居住在火之國的人們生活與大自然的活動。

ACCESS

🚌 巴士	鳥取	九州橫斷巴士／草千里阿蘇火山博物館前下車 （約30分）	草千里
🚗 汽車		總距離 約15km （約20分）	

上甑島
{ 📷 鹿兒島 }

過去繩文人曾在此地生活
擁有日本規模最大的沙頸岬的鄉鎮

可以感受歷史情懷與自然造型之美的東海離島

上甑島是位於東海甑島列島北部的離島，與鄰近的中甑島有「甑大明神橋」與「鹿之子大橋」2座橋相連，兩地過去曾被視為同一個自治體。

位於上甑島東北部的里町以日本最大的「沙頸岬」之鄉聞名。沙頸岬指的是因為沙土堆積而與大陸相連的島嶼，又稱為連島沙洲。位於上甑島北部的遠見山原本是獨立的島嶼，後來因為流沙而與本島相連，上面有聚落形成。

里町有稱為里遺跡的遺址，還有繩文土器與彌生土器在此出土，表示這片土地在遙遠的過去曾有人居住，為了生活從事各種活動。在沒有航海技術的時代，他們是如何來到這個島上的呢？這件事充滿了謎團，引發人無限的想像。

島上最值得一看的地方是位於里町西北稱為「長目之濱」的風景勝地。這裡有海鼠池、貝池、鍬崎池等大小不一的3個水池一字排開，細長的砂石像是

要把水池與海隔開一般延伸出去。為了要把這個美麗的自然景觀保留給子孫，1972年將之列入鹿兒島縣立自然公園。

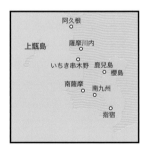

📅 最佳造訪季節＆周邊資訊

上甑島以鹿子百合的原生地聞名，因為其花瓣上的紅點圖樣看起來像是鹿身上的斑點所以才取這樣的名稱。鹿子百合在6月下旬～8月上旬開花，盛開時島上所到之處都被染成粉紅色，周圍充滿甜甜的花香。

ACCESS

🚃 公共	鹿兒島中央	JR鹿兒島本線（約40分）	串木野	航路聯絡巴士（約15分）	串木野新港	甑島商船渡輪（約75分）	上甑島
🚗 汽車		總距離 約40km（經鹿兒島道路約45分）					

❦COLUMN1❦
海角絕景BEST5

禮文島／澄海岬・下北半島／佛浦
陸中海岸／北山崎・青海島・唐津七釜

島國日本擁有數不清的半島與海岬。這裡一口氣介紹其中景觀最出色的5個地方！

禮文島／澄海岬（北海道）

禮文島在離島中位處日本最北，而澄海岬就位於其西海岸。這個地方最大的特色就在於大海的透明度。正如其名，眼前是一整片清澈見底的純淨大海，這裡也是電影『往復書簡：二十年後的作業』的取景地。

下北半島／佛浦（青森）

位於青森縣下北半島西岸，為縣內數一數二的風景勝地。奇形怪狀的斷崖、巨型的奇岩相連形成了海蝕崖地形。景觀各自取名為「如來首」、「五百羅漢」、「極樂濱」等讓人想起淨土的相關名稱。

陸中海岸／北山崎（岩手）

在日本交通公社舉辦的日本全國觀光資源評選「自然資源・海岸類」中，陸中海岸的絕景是唯一被評選為特A級的地方。受到席捲而來的海浪侵蝕的斷崖絕壁高達200公尺，讓觀賞者萌生一種對大自然的敬畏。

青海島（山口）

周長約40km的小島，是數座小島透過沙洲相連形成的。受到日本海洶湧的浪濤侵襲而形成侵蝕地形的北岸，陡峭的奇岩林立，因此也被稱為「海上的阿爾卑斯」。

唐津七釜（佐賀）

佐賀唐津市的海岸上一連數個洞窟，是受海浪侵蝕形成的海蝕洞，據說最大的洞窟高達5公尺、深達110公尺以上。觀光船之旅的行程中也有進入海蝕洞參觀的方案，有興趣的人不要錯過海蝕洞內的風景。

水島工業區

{ 🏯 岡山 }

點亮工廠夜景的
日本工業心臟

水島工業區位於岡山縣倉敷市南部的水島臨海工業地帶，是日本少數大規模的巨型工業地帶。產業領域多樣，橫跨石油化學、鋼鐵、汽車等工業，製品出貨量排行日本第5名。

除了規模與生產量，讓這個工業區一躍成為人氣景點的是暗夜中漸亮的後現代風格夜景。

24小時運轉的工廠無論日夜都有煙霧升起，紅、白、橘等燈光像是遍佈整片工業區般閃爍著耀眼的光芒。尤其是從鷲鳥山Sky Line看到的夜景最為美麗，獲選為「日本100大夜景」之一。

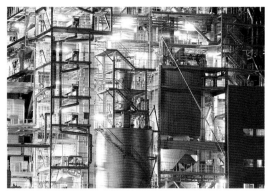

周南工業區（山口）

因明治時代時設置的舊海軍煤燃料基地而興起的工業區。以石油化學為中心，供應生化材料、電子零件、水泥等。周南整個地區的居民全力推銷工廠夜景，並安排導遊與周遊行程、乘船觀賞等方案。

牛深南風大橋（熊本）

由設計出巴黎的龐畢度中心、關西國際機場航廈大樓等建築而聞名的義大利建築師倫佐・皮亞諾著手打造的橋梁。和緩的拋物線讓人聯想到鳥兒飛掠海濱的軌跡，優雅而簡潔的設計不可思議地與恬靜的漁港風景融為一體。

別子銅山（愛媛）

這座銅山自1690年被發現以來到1973年關閉為止產出了共計70萬噸的銅。採礦歷史長達280年的坑道最深處到達地下1000公尺，在日本是目前人類下探的最深地點。現在是為產業遺產，肩負著不讓歷史被遺忘的任務。

四日市工業區（三重）

三重縣四日市是昭和30年代形成的日本首座石油化學工業區。目前這個巨型工業區依舊存在，工業區內有眾多工廠運轉。這裡可從陸地上、海上、空中等多角度觀賞夜景，以欣賞工廠夜景為目的的觀光客非常多。觀光協會製有工廠夜景導覽圖。

八丈島（東京）

八丈島位於東京南方海上約300公里處，由於一年四季氣候溫和，1960年代被評為「日本的夏威夷」，擁有極高的人氣。在日本海外度遊高度自由化的現今，雖然來自日本國內的觀光客有減少的傾向，但人氣依舊不減，有許多遊客前來只為一睹美麗的大海。可由東京搭乘飛機或船隻抵達。

不輸海外度假勝地
可以盡情享受南國氣氛的島嶼
特選！
COLUMN3
南の海・南の島
說到海灘度假勝地許多人首先會想到東南亞和歐美，其實日本也有不輸給他國的魅力島嶼。

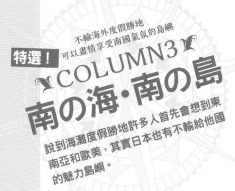

奄美大島從鹿兒島搭乘飛機僅需50分。這裡有一片廣闊的清澈美麗海洋，讓人無法想像身在日本。當地利用溫暖的氣候栽種了大量的芒果與木瓜等水果。名產黑糖燒酎是只有在奄美大島才能製造的特產品，最適合當伴手禮。當然也不能錯過水肺潛水與海上獨木舟等水上活動。

奄美大島（鹿兒島）

宮古島（沖繩）

從沖繩本島往南約290公里就可看到純白沙灘閃耀的宮古島。宮古島年均溫23.6度，最冷月平均氣溫18度，屬於熱帶雨林氣候。島四周有大規模的珊瑚礁圍繞，由於海水的透明度高，除了水肺潛水，透過浮淺也可以盡情地在海中漫遊。不論是男女老幼，宮古島都擁有高人氣。

石垣島（沖繩）

石垣島擁有豐富的大自然與多樣化的生態系，可見到特有種的八重山菫與列為瀕危物種的小中羽黑蜻蛉等珍貴的動植物。另外，宮良河河口的紅樹林面積居日本之冠。去年新石垣機場啟用後，羽田機場與關西國際機場也有直飛班機到此，交通大幅改善，變得非常便利。

東海自然步道

{ ☀ 東京 ～ ♣ 大阪 }

**因修建長距離自然步道的
國家專案而連結起來的
"東京～大阪間"步道**

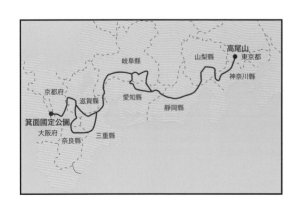

改變日本的環境保護概念
一名男性的偉大功績

正處於高度經濟成長期的1969年，日本各地的基礎建設急速展開，人口集中於都市區造成人口密度過高，公害問題浮上檯面。此時有一位男性為了保護自然環境挺身而出。這位男性的名字是大井道夫，當時隸屬於厚生省國立公園部。

他在「重新檢視作為休憩場所的大自然」此一構想之下，從美國阿帕拉契山脈等地建設的自然步道獲得啟發，企劃興建連接東京與大阪的東海自然步道。他更進一步提議將步道中的高原、濕原、峽谷等指定為國定公園。

這些地方雖然不是觀光地，但將擁有自然生態系的地方列入國定公園的嘗試，不僅吸引觀光客到國立公園來，也賦予保護環境的功能，此舉大大改變日本對於環境保護的想法。在此背景下完成的日本首條自然步道，直到今日仍對人們的健康與自然環境保護有很大貢獻。

霧峰・美原
中央分水嶺步道

{ 🚆 長野 }

花些時間到高地健行
脫離日常生活的奢侈時光

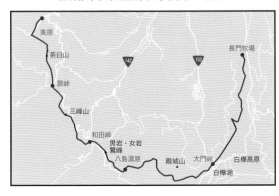

風景、自然、生物
集結所有魅力的長距離步道

　　這條步道是基於「將珍惜豐富的自然與歷史遺產的心與眾人共享」此一理念而設置，為全長38公里的步道路線。

　　這條路線是從位於長野縣長和町、以高原酪農聞名的長門牧場出發，經白樺湖、霧峰、和田峠到美原高原。從霧峰到美原間的中央分水嶺的稜線可一一觀賞日本引以為傲的山岳風景——從北到東可見到淺間山與蓼科山、有八岳連峰襯托的富士山，南有甲斐駒、北岳等南阿爾卑斯的高峰，西南則有木曾駒等中央阿爾卑斯的群山。

　　當然風景不只有山岳風景，除了途中有森林與溪流等可以觀景的地點，也能看到野鳥、蝴蝶以及各式各樣的高山植物等，還有機會遇到充滿生機的動植物。另外中央分水嶺步道位於海拔1400公尺到2000公尺高的地方，落差相對較小，即使沒有登山經驗的人也可以安心步行。

高尾山

{ ☀ 東京 }

以修行的靈場而興起
天狗居住的野外東京

從都心搭乘電車約50分！
每年的登山人數居 "世界第一"
大都會所保有的最後一塊綠洲

1 一路連接至山腰的電纜車。2 隧道盡頭所見到的林木。3 秋天可以觀賞紅葉。4 從高尾山看到的白雪皚皚的富士山。

即將被天狗砍伐，而急忙退到一旁的「章魚杉」

高尾山位於距都心不到1小時路程處，由於登山步道修建得整潔完善，加上不用走路搭乘電纜車也可以上山等理由，吸引各年齡層的人們來訪。因為易於登山，所以高尾山一年之中的登山人數超過260萬人，居世界第一。

高尾山本來是基於山岳信仰所發展出來的修驗道的靈場。此地能夠保有天然林木至今，主要的原因之一是高尾山自古以來被視為神聖之山的緣故。修驗道信徒們聚集的這座靈山，伴隨著不可思議的故事，也流傳著許多天狗的傳說。

聖武天王下令興建高尾山藥師院時，這裡還只是地勢險峻的荒山僻野。據說住在山上的天狗們決定修建參道，他們以與生俱來的法力順利地建造了道路，但藥師院前稱為一本杉的巨樹將樹根朝四方伸展，阻礙了參道的修建。感到困擾的天狗們要砍伐這棵巨樹時，一本杉急忙往後退，將樹根收到道路旁，杉木的姿態有如章魚，於是自此之後這棵杉樹就被稱為「章魚杉」，現在在參道的途中也看得到。

🏛 **最佳造訪季節＆周邊資訊**

12月，從冬季的高尾山山頂遠眺富士山，夕陽西下時耀眼的落日逐漸被富士山吞沒，呈現一種神祕的景象…，這就是所謂的"鑽石富士"。高尾山每年12月冬至前後的16時～16時30分左右有機會見到。

ACCESS

🚃 電車	新宿	京王線（搭乘特急列車約60分）		高尾山口	電纜車（約6分）索道（約12分）	高尾山
🚗 汽車		總距離 約50km（經中央自動車道約50分）				

日本最北端の地

宗谷海峽
宗谷岬
野寒布岬
クッチャロ湖

ACCESS

巴士	稚內	宗谷巴士 天北宗谷岬線 〔約50分〕	宗谷岬
汽車		總距離 約30km 〔約40分〕	

1 染成紫色的天空與建於邊境的『日本最北端之地碑』。2 漁船與夕陽。猶如畫一般實際存在的風景。

宗谷岬

{ ✿ 北海道 }

北緯45度31分22秒
日本列島的最北端

正面可以望見庫頁島的日本最北之地
許多旅人以此地為最終目標
尋求未知的風景與他處無法獲得的成就感

宗谷岬位於北海道稚內市，是眾所熟知的日本最北邊的地方。

象徵北緯45度31分22秒的『日本最北端之地碑』建於宗谷岬的最前端，總是有許多觀光客在此拍照留念。這座紀念碑是取北極星星芒的一角為主要概念，正中央有代表北方的「N」，圓形的底台則象徵「和平與協調」。

宗谷岬雖說是"海岬"，但外觀並非尖銳地突出於海面，而是有如緩緩高起般帶點圓潤的形狀。即便如此，站在海岬最前方時，三面環海，正面可以隱約看到庫頁島的輪廓，這樣的景色令人實際感受到身在"日本最北之地"。

不過，日本政府主張擁有主權的領土中，最北端其實為北方領土擇捉島的卡姆伊哇卡海岬，俄國歸還這塊土地時，最北端的稱號就得拱手讓給卡姆伊哇卡海岬。

1

2

🏛 最佳造訪季節&周邊資訊

宗谷岬公園位於可俯瞰海岬前端紀念碑的小山丘上，有日俄戰爭當時的歷史建築「舊海軍望樓」、大韓航空墜機事件的慰靈碑「祈禱之塔」等數個祈求和平的建築物。從高台望向海平面，微彎的弧線讓人實際感受到地球的圓。

下北半島/恐山 〔⛰ 青森〕

位於人世間的盡頭
仿若地獄與極樂淨土的絕景

三途川、賽之河原、血之池地獄及極樂濱…
這裡是所有死者魂魄往來人間與黃泉的入口

ACCESS

🚃 公共	青森	青森鐵道／JR東日本大湊線 （約120分）	下北	下北交通巴士恐山線 （約40分）		恐山
🚗 汽車		總距離 約110km （約160分）				

① 充滿硫磺味、彷彿地獄般的荒涼大地。② 為了告慰幼童靈魂而安放的風車與大師堂。

無法判斷是天國還是地獄
另一個世界的景色接連出現的靈山

　　恐山以其具衝擊性的名稱聞名，聽過一次就難以忘懷。這裡據說是天臺宗祖師最澄的弟子圓仁遵從「你回國後往東走約30多天，會見到一座靈山，在那裏刻一尊地藏菩薩像廣傳佛道」的啟示所開闢的。

　　當地相傳「人死後會去山（恐山）上」，實際踏入這座山，緊張的氣氛讓人自然而然挺直腰桿。

　　恐山境內前方架著朱漆橋，下面有稱為「三途川」的河流過。過橋進入境內，映入眼簾的是一整片令人聯想到地獄的荒涼景色，通過名為「血之池地獄」、「賽之河原」的地方後，景色為之一變，等待在眼前的是平靜無波的湖泊與佈滿白砂稱為「極樂濱」的景象。與剛才的景色迥異，這裡擁有令人聯想到極樂淨土的平靜祥和景觀。

📅 最佳造訪季節&周邊資訊

恐山的住宿設施「吉祥閣」除了有寬廣的溫泉大浴池，還有療效各異的4個湯屋——對腸胃病有效的「古瀧之湯」，對神經痛、風濕病等有效的「冷拔之湯」，對疹子、割傷等有效的「花染之湯」，以及對眼病有效的「藥師之湯」。

❀ 十二劃以上

封面照片●佐賀縣玄海町·濱野浦的梯田

位在玄海町的一角，面對海灣的濱野浦地區可見到山坡地上像是從海岸疊起的樓梯般層層相連的梯田。眼前這幅令人興起鄉愁的風景正是日本的代表性景色，裡面包含了日本人一直以來的生活──運用日本狹窄的土地發展農業，這裡有大小283片水田重疊在一起。

國家圖書館出版品預行編目(CIP)資料

日本絕美祕境 / 株式会社, 笠倉出版社作 ;
張雲婷翻譯. -- 第一版.
-- 新北市 : 人人, 2015.05
面 ；　公分. -- (人人趣旅行 ; 44)
ISBN 978-986-5903-94-7(平裝)

1.旅遊 2.日本
731.9　　　　　　　　　　104005447

WHH

【人人趣旅行44】

日本絕美祕境

作者／株式会社笠倉出版社

翻譯／張雲婷

編輯／廉凱評

發行人／周元白

出版者／人人出版股份有限公司

地址／23145新北市新店區寶橋路235巷6弄6號7樓

電話／（02）2918-3366（代表號）

傳真／（02）2914-0000

網址／www.jjp.com.tw

郵政劃撥帳號／16402311人人出版股份有限公司

製版印刷／長城製版印刷股份有限公司

電話／（02）2918-3366（代表號）

經銷商／聯合發行股份有限公司

電話／（02）2917-8022

第一版第一刷／2015年5月

第一版第二刷／2016年5月

定價／新台幣320元